Lutz Mathesdorf/Gabriel

Jogis Löwen – Ich will!

Piper München Zürich

Mehr über unsere Autoren und Bücher:
www.piper.de

MIX
Papier aus verantwortungsvollen Quellen
FSC® C013736

Originalausgabe
Juni 2012

Umschlaggestaltung: Tom Sprenger, München
Umschlagmotiv: Artwork Lutz Mathesdorf
Gesamtherstellung: Kösel, Krugzell
Printed in Germany ISBN 978-3-492-30041-4

1. JULI 2012,
OLYMPIASTADION KIEW.
ENDSPIEL DER FUSSBALL-
EUROPAMEISTERSCHAFT.
69.000 IM STADION,
ÜBER 500 MILLIONEN
VOR DEN FERNSEHBILD-
SCHIRMEN IN ALLER
WELT UND ...
LEISER APPLAUS GANZ WEIT WEG. ABER NICHT SO WEIT, DASS MAN ES NICHT VERSTEHT.

AUS...AUS...AUS...DAS SPIEL IST AUS!
DEUTSCHLAND IST EUROPAMEISTER!
HURRAH!
JIPPIE!
ENDLICH!
YEAH!
SEELER
RAHN

KREISCH!
LACH!
FREU!
SALTATIO MORTIS
STRAHL!
JUBEL!
DAS IST DER WAHNSINN, SACH ICH MA !
SACH MA, HANSI! DAS IST DOCH...
...DER WAHNSINN, JOGI!
SHUTTL
DU...
...BIST...
...UNSER!!!

EINFACH IRRE, MARIO, ...
... WIE DU DEINEM GEGENSPIELER GORDI, ... ODER WIE AUCH IMMER DER HIESS, ...
... NICHT NUR ...
WABUSCHA!
WABASCHA!
... IN DAS LINKE BEIN ...
KNONGS!
... SONDERN AUCH ...
WABUSCHA!
WABASCHA!

...IN DAS RECHTE BEIN,...
KNONGS!
KNONGS!
...UND ANSCHLIESSEND ÜBERALL...
WABASCHA!
WABASCHA!
...EINEN KNOTEN GEDRIBBELT HAST!
KNONGS!
KNONGS!
KNONGS!
KNONGS!
KNONGS!
KNONGS!
KNONGS!
KNONGS!
KNONGS!
KNONGS!
KNONGS!
KNONGS!
KNONGS!

UND DU, BASTIAN! EINFACH FANTASTISCH...

...WIE DU DEN BALL VOM ANSTOSS WEG ÜBER DEN TORWART ZUM 1-0 INS TOR GESCHIPPT HAST!
CHIP!
RUTSCH...
DANN DAS HACKENTOR VOM THOMAS ZUM 2-0...
PLOP!
ICH SACH AMAL: DESCH WAR WAHNSINN!
PLOP!
...DER SEITFALLZIEHER VON JÉRÔME ZUM 3-0...
PLOP!
...UND ERST DER FALLRÜCKZIEHER VON PER ZUM 4-0!

POCK!
FLOCK!
ROCK!
TOCK!
UND GROOOOSSARTIG, DIE GANZEN BÄLLE, DIE MANUEL GEHALTEN HAT!
SLOCK!
KNOCK!
WOCK!
SCHOCK!
BESONDERS DER FREISTOSS, DEN ER AUS DEM WINKEL GEBOXT HAT …
…UND DER DANN ÜBER DAS GANZE FELD UND GEGNERISCHER TORWART INS TOR GEFLOGEN IST.
UND TONI UND SAMI !!!
TIP!
TIP!
KICK!
TIP!
KICK!
KICK!
TIP!
KICK!
TIP!
KICK!
EUER DOPPELPASS …ÄH…DOPPEL-DOPPEL… DREIFACH-DOPPEL… VIERFACH… FÜNFFACH… SECHSFACH…ÄH… PASS MIT TOR… EINFACH VERWIRREND GENIAL.

MIT DIR, PHILIPP, MUSS ICH ALLERDINGS NOCH MAL REDEN.
VORHIN AUF DEM SPIELFELD, DA ...
... SO ETWAS HAB ICH JA NOCH NIE GESEHEN!
DIESEN KOPFBALL, DEN DU DA GEMACHT HAST ...
PONG!
... AUS 58 METERN !!!
SLOG!
DIREKT INS TOR! GRANDIOS!!!
JA, JA ... VON WEGEN GRANDIOS. ICH FANG HIER EIN BLÖDES DING NACH DEM ANDEREN, ALS OB ICH EIN VOLLIDIOT WÄR.
WER DENKT SICH SO'N SCHEISS NUR AUS?
PAPP!
NA JA, SCHLIMMER KANN ES JA GAR NICHT MEHR WERDEN.

UND DU, HOLGER! DER HAMMER! DER HAMMER, SACH ICH MA...
GRINS*
EINFACH SEN-SA-TIO-NELL!!!

UNG!

DEIN DIREKTER ECKBALL!!!
POP!

DIREKTER ECKBALL!?!
TOCK!
TOCK!
TOCK!

POP!
POP!
POP!
POP!
POP!
POP!
POP!

UND DANN! MÖGIC MESUT, DER BALLFLÜSTERER!!!
..PSSSP..
..PSSSP..
..PSSSP..
UNGLAUBLICH!
TOK!
SCHWEB!
HUP!
HEEEEE...
BOING!
ROLLA...
HUP!
HUP!
HUP!
WUDDEL!
WASCH!
HUI!
HUI!
HUI!
HUI!
FAMP!

IHR SEID ECHTE LÖWEN!!!
STRAHL!
9-0 IM ENDSPIEL GEGEN SPANIEN!!!
JUBEL!
GRINS!
WAHNSINN!!!
WER HÄTTE SICH DAS JEMALS ERTRÄUMT!!!
BLUB!
SLOSH!
EIN TRAUMHAFTES SPIEL, JUNGS!!!
ICH SACH MA...
WIE IN EINEM TRAUM...
WIE IN...
AAAAARGH...
NICHT TRAUM!
NEIN... NICHT...

NEIN! NEIN! NEIN! KEIN TRAUM!
HUSCH!
...KEIN...
NA! HATTEST DU WIEDER DIESEN TRAUM?
TRAUM!?! DAS KANN KEIN TRAUM GEWESEN SEIN.
DAS MUSS DIE WAHRHEIT GEWESEN SEIN!
DAS WAR SO WUNDERSCHÖN!
LAHM KÖPFT AUS 58 METERN DAS 6:0 GEGEN SPANIEN?
SCHEISSE!

UND SO ... MONTAGMORGENS IN FREIBURG IM BREISGAU.
SCHEISSE!
JOGI VERLÄSST DAS HAUS!
SCHEISSE!
SCHEISSE!
RATHAUSGASSE. JOGI KAUFT SICH BEI SCHREIBWAREN MÜLLER EINEN "KICKER", DIE "SPORT-BILD" UND DIE NEUESTE "PENDEL UND RUTE".

HERRENSTRASSE. JOGI HOLT SEINE FRISCH GESTÄRKTEN, WEISSEN HEMDEN AUS DER REINIGUNG.
SCHEISSE!
SCHEISSE!
DILLENGÄSSLE. JOGI RAUCHT EINE.
JOGI SETZT SICH IN SEIN LIEBLINGS-CAFÉ KORNHAUS UND ...
SCHEISSE!
MÜNSTERPLATZ. JOGI KAUFT EINE FLASCHE PRIMITIVO, EIN BUND SALBEI, DREI ZITRONEN UND EIN BIOHÜHNCHEN UND HOLUNDERBLÜTENSIRUP BEI IRENEUS FROST.

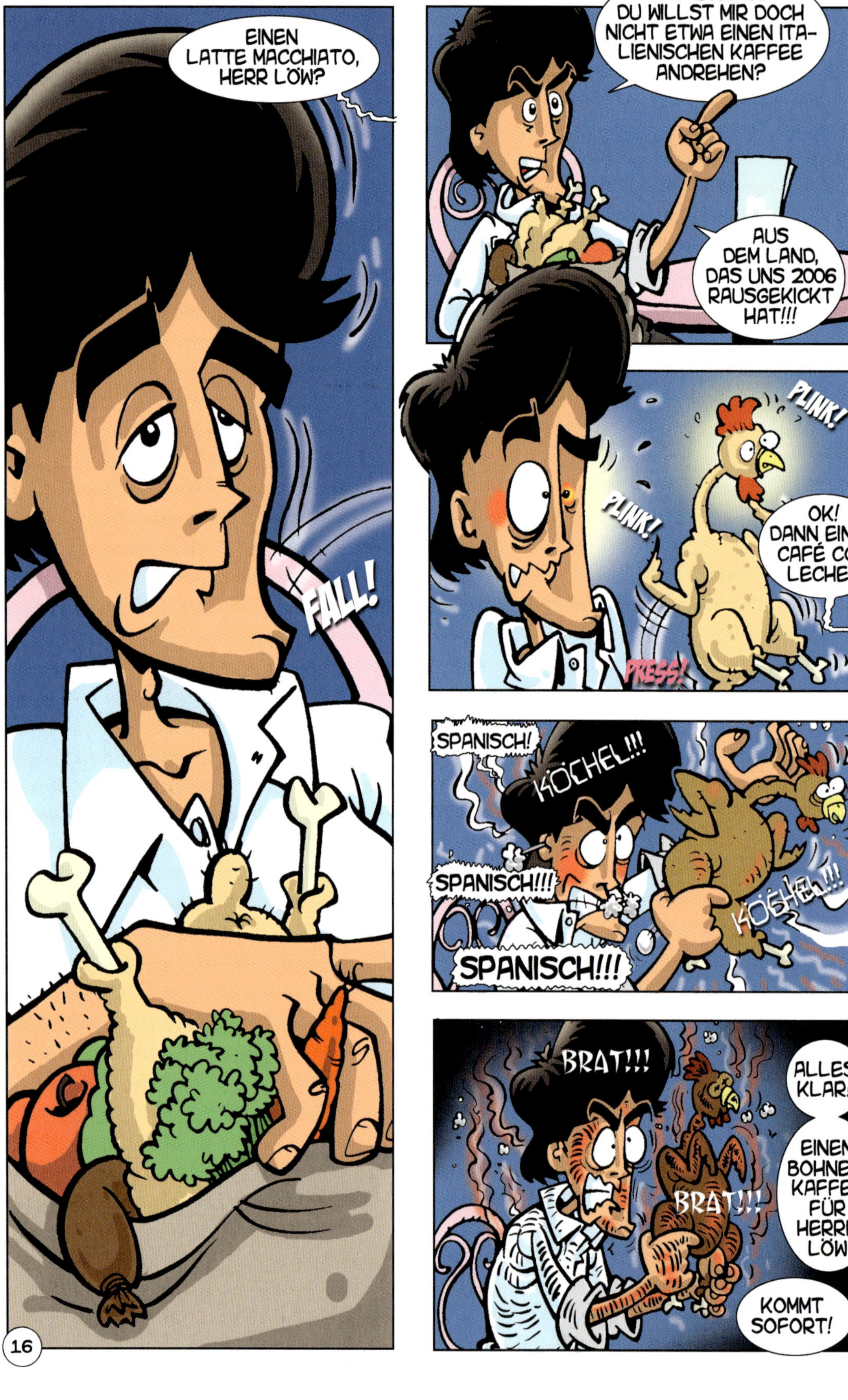
EINEN LATTE MACCHIATO, HERR LÖW?
FALL!
ITALIENISCH! DU WILLST MIR DOCH NICHT ETWA EINEN ITALIENISCHEN KAFFEE ANDREHEN?
AUS DEM LAND, DAS UNS 2006 RAUSGEKICKT HAT!!!
PLINK!
PLINK!
PRESS!
OK! DANN EINEN CAFÉ CON LECHE?
SPANISCH!
KÖCHEL!!!
SPANISCH!!!
KÖCHEL!!!
SPANISCH!!!
BRAT!!!
BRAT!!!
ALLES KLAR!
EINEN BOHNENKAFFEE FÜR HERRN LÖW.
KOMMT SOFORT!

AH, BOHNENKAFFEE. ENDLICH WAS EINHEIMISCHES.
BRUTZL
SCHEISSE!
AH, ESCH JOGILE. HASCHT WIEDER DIESEN TRAUM G´HABT? DER, WO DU GEGEN SPANIEN MIT 9-0 GEWINNST UND EUROPAMEISTER WIRSCHT?
HACH, ESCH KLINZE ...
SCHAU! WIR SIND DIE GRÖSSTE FUSSBALLNATION DER WELT. NIRGENDWO GIBT ES MEHR VEREINSMITGLIEDER! MEHR AKTIVE SPIELER! MEHR FANSCHAREN! MEHR SELBSTERNANNTE BUNDESTRAINER.
UND? NICHTS! SEIT SECHSZEHN JAHREN KEINEN TITEL MEHR FÜR DIE DEUTSCHE FUSSBALL-NATIONALMANNSCHAFT.
NONNENFÜRZLE
HUTZLBROT
PFITZAUF
KALBSVÖGERL
GRIEBEN
NICHT NUR ICH TRÄUME DAVON!!!

WASCHA!!!
WOSCHA!!!
ALLE TRÄUMEN DOCH VON DER FUSSBALL-EUROPAMEISTER-SCHAFT!!!
FISCH
WUSCHA!!!
WISCHA!!!

SLASCHA!!!
SLOSCHA!!!
NICK!
FISCH
ODER!?
SLUSCHA!!!
SLUSCHA!!!

SIEHSTE!
UND DU HAST JETZT ALLES WIEDER SO GEMACHT, WIE WIR ES IMMER GEMACHT HABEN?
JO
ABER DAS IST ES VIELLEICHT!
SCHAUAMAL! WENN DU ALLES WIEDER SO MACHST, WIE DU'S IMMER GEMACHT HAST,...
...KOMMT AUCH DASSELBE DABEI HERAUS!
SCHWUNG!
PORTUGAL ✓
HOLLAND ✓
DÄNEMARK ✓
POLEN ✓
DU MEINST, EM 2012 WIEDER NUR VERLIERER IM FINALE?
GENAU! DU MUSST SIE ÜBERRASCHEN.
DU MUSST IRGEND-ETWAS: „ANDERS MACHEN!"
ALSO ICH STELL KEINE BUDDHA-FIGUREN AUF, KLINSI.
SLURP!

HUPP!
DAS BRAUCHST DU AUCH NICHT, JOGI.
SHINE ON!
DIE ZEIT WAR EINFACH NICHT REIF FÜR DIESE ERLEUCH-TUNG.
ZWETSCHGE ZWERGE 1.-
WAS WOLLTEST DU ALS NÄCHSTES TUN, WAS DU IMMER MACHST?
NA! MICHAEL BALLACK RAUSWERFEN!
MON CAPITANO !?!
NA, ICH WERFE JEDES JAHR EINEN ALTEN, ERFAHRENEN SPIELER AUS DER MANNSCHAFT.
ERST KURÁNYI, DANN FRINGS UND JETZT IST BALLACK DRAN.
FÜR ALT NIMM NEU. MEIN CAPITANO HEISST LAHMO.
UNGS!
SWING!

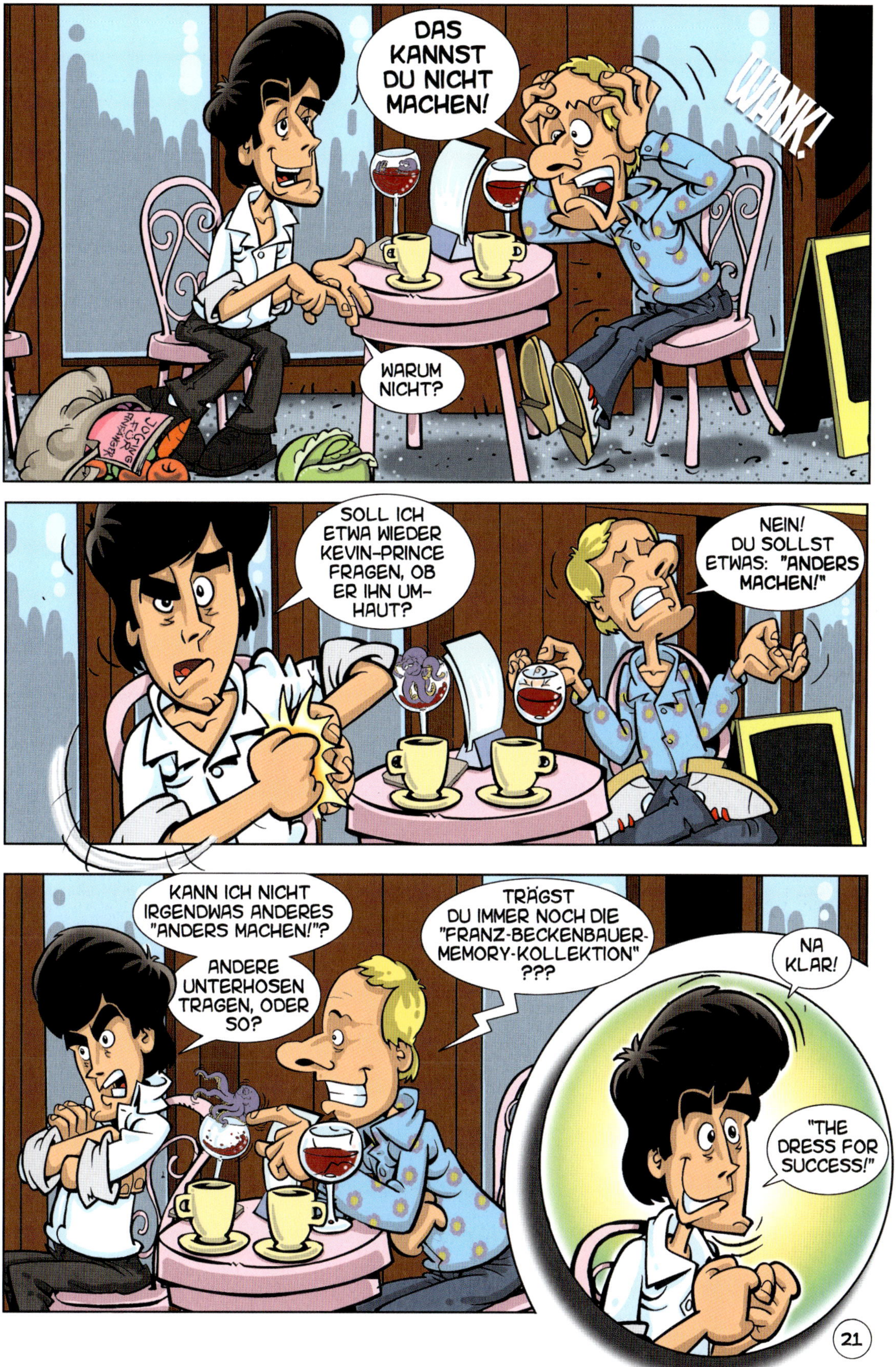
DAS KANNST DU NICHT MACHEN!
WANK!
WARUM NICHT?
SOLL ICH ETWA WIEDER KEVIN-PRINCE FRAGEN, OB ER IHN UMHAUT?
NEIN! DU SOLLST ETWAS: "ANDERS MACHEN!"
KANN ICH NICHT IRGENDWAS ANDERES "ANDERS MACHEN!"?
ANDERE UNTERHOSEN TRAGEN, ODER SO?
TRÄGST DU IMMER NOCH DIE "FRANZ-BECKENBAUER-MEMORY-KOLLEKTION"???
NA KLAR!
"THE DRESS FOR SUCCESS!"

"SHOOTER-FINE-RIB"!
UND DU? TRÄGST DU IMMER NOCH "CAPTAIN AMERICA"?
ZERR!
MAL EHRLICH. DAS IST DOCH EIN TRICK VON DIR. DU WILLST DOCH NUR DIE NATIONALMANNSCHAFT DER USA ÜBERNEHMEN UND UNS DANN VOM PLATZ FEGEN. NUR WEIL WIR OPA BALLACK NOCH IM TEAM HABEN.
NEIN! ICH SCHWÖRE, ICH TRAINIERE NIE MEHR EINE MANNSCHAFT. ICH HÄTTE STÄNDIG ANGST, ULI HOENESS WÜRDE DANN DA MANAGER WERDEN. JETZT, WO ER NIX MEHR ZU TUN HAT.
NA GUT. DANN BLEIBT BALLACK MEIN CAPITANO.
DAS MUSS ICH NUR IRGENDWIE DEM LAHM BEIBRINGEN.

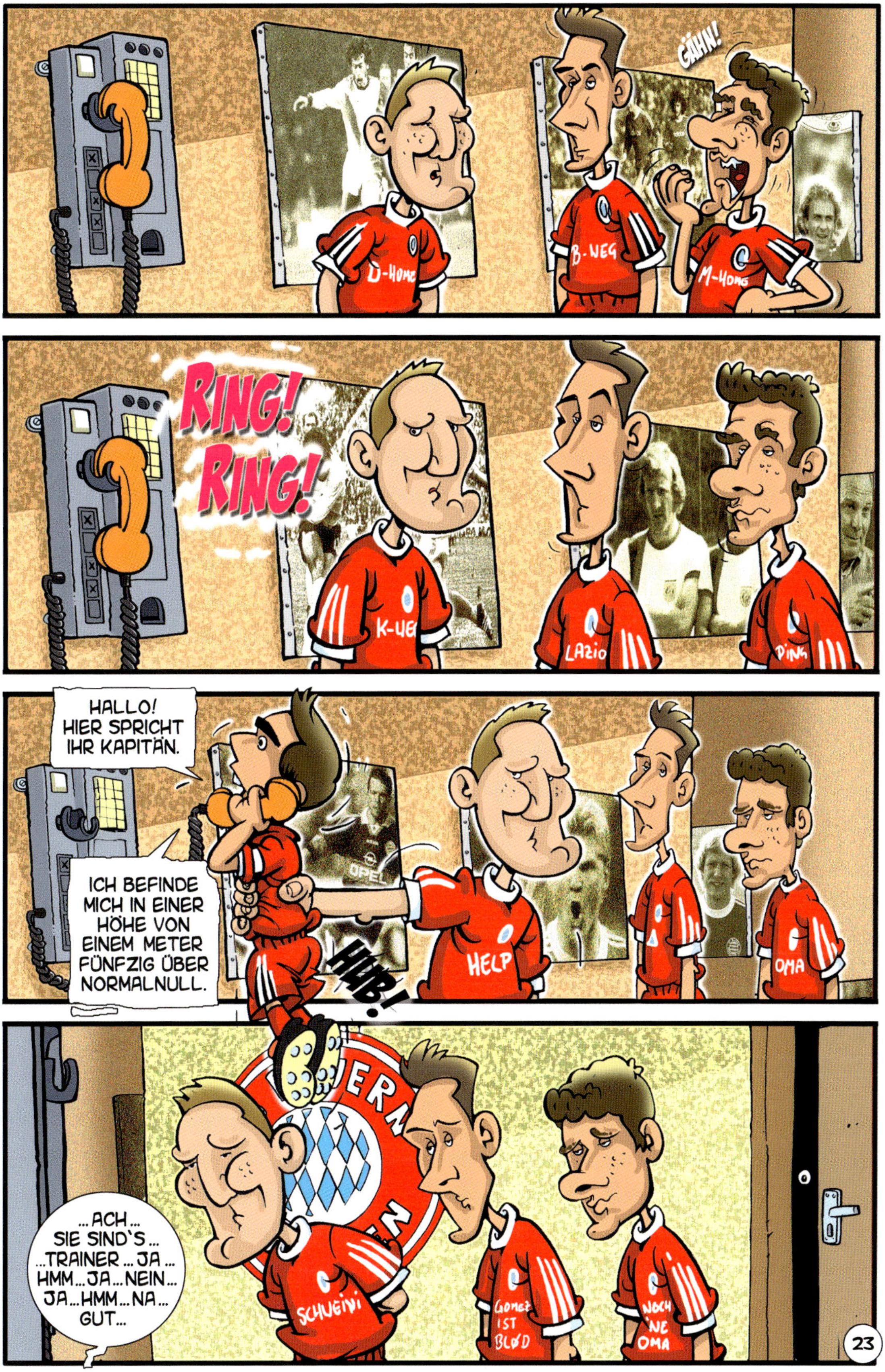
GÄHN!
RING!
RING!
HALLO! HIER SPRICHT IHR KAPITÄN.
ICH BEFINDE MICH IN EINER HÖHE VON EINEM METER FÜNFZIG ÜBER NORMALNULL.
HUB!
HELP
OMA
OPEL
LAZIO
B-NEG
K-UE
...ACH... SIE SIND'S... ...TRAINER... JA... HMM... JA... NEIN... JA... HMM... NA... GUT...
SCHWEINI
GOMEZ IST BLØD
NOCH 'NE OMA

...GUT ... JOGI ... GEGEN BELGIEN ... JA ... ...WIRD GEMACHT!
JA... TSCHÜSS... HERR BUNDESTRAINER...
HUB!
UND? WAS HAT ER GESAGT?
ER HAT GEMEINT, WIR MÜSSTEN ETWAS: "ANDERS MACHEN!"
BAUERN
NCHEN
DANIEL VAN BUYTEN

DENK!
"ANDERS MACHEN"?
DIE DEUTSCHEN WOLLEN GEGEN UNS BELGIER WAS "ANDERS MACHEN!" ... BLOSS WAS?
GEH!
REAL
TRAININGS PLAN VON VAN GAAL
PUPS!
KICKER
ALSO, WENN DIE WAS "ANDERS MACHEN", DANN MUSS ICH AUCH WAS "ANDERS MACHEN." WENN SIE MICH DANN BEIM "ANDERS MACHEN" SEHEN, WIRD IHNEN GANZ ANDERS. UND SIE MÜSSEN IHR ANDERS GANZ: "ANDERS MACHEN!". SO LANGE BIS SIE NUR NOCH CHRISTIAN ANDERS HÖREN.
SING!
...ES FÄHRT EIN ZUG NACH NIRGENDWO...
ALIENS ARENA

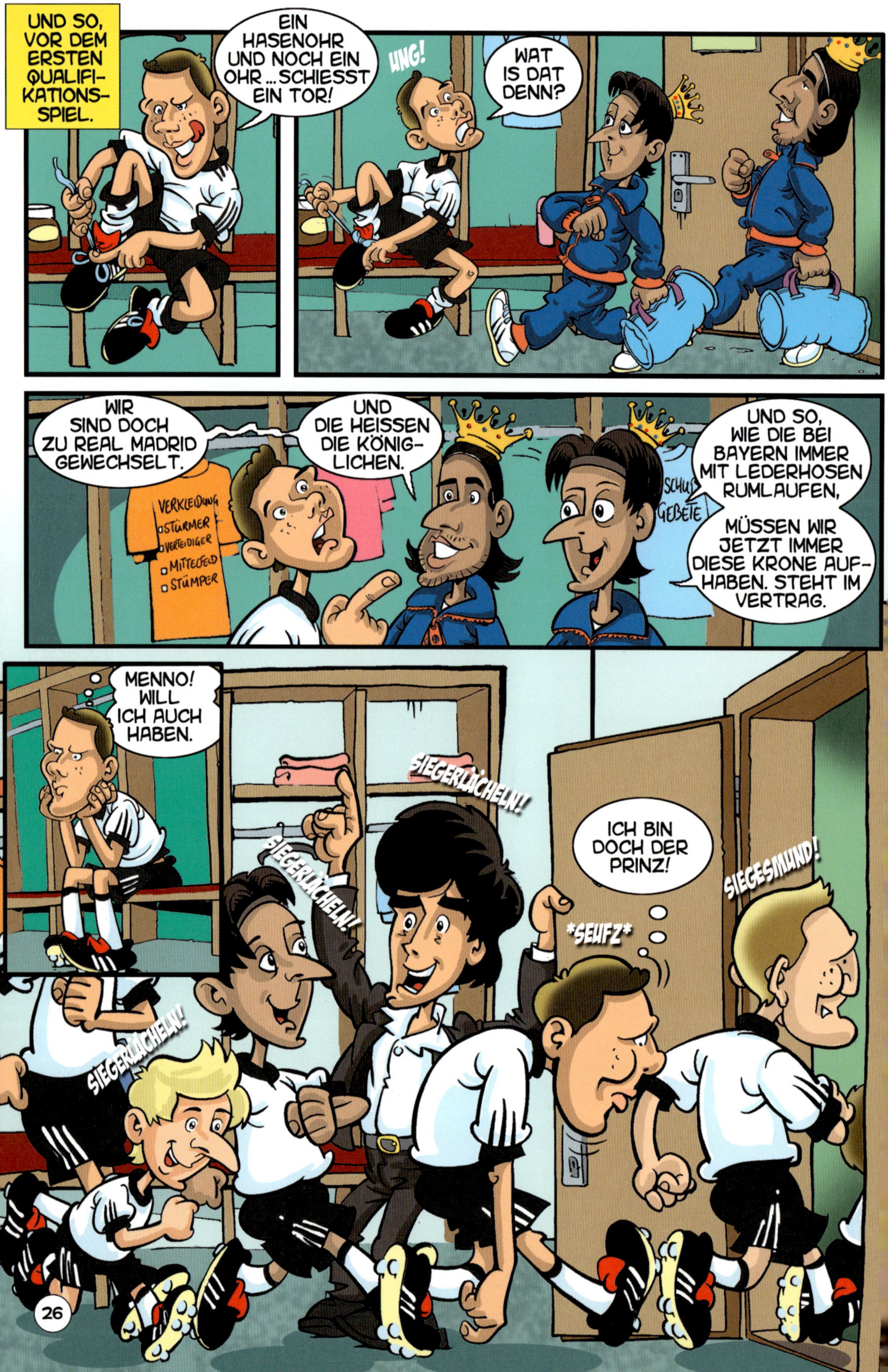
UND SO, VOR DEM ERSTEN QUALIFIKATIONS-SPIEL.
EIN HASENOHR UND NOCH EIN OHR ... SCHIESST EIN TOR!
UNG!
WAT IS DAT DENN?
WIR SIND DOCH ZU REAL MADRID GEWECHSELT.
UND DIE HEISSEN DIE KÖNIGLICHEN.
UND SO, WIE DIE BEI BAYERN IMMER MIT LEDERHOSEN RUMLAUFEN,
MÜSSEN WIR JETZT IMMER DIESE KRONE AUFHABEN. STEHT IM VERTRAG.
VERKLEIDUNG
STÜRMER
VERTEIDIGER
MITTELFELD
STÜMPER
SCHUS
GEBETE
MENNO! WILL ICH AUCH HABEN.
SIEGERLÄCHELN!
SIEGERLÄCHELN!
ICH BIN DOCH DER PRINZ!
SEUFZ
SIEGESMUND!
SIEGERLÄCHELN!

...ANDERS MACHEN...
...ANDERS MACHEN...
...ANDERS MACHEN...
DA KOMMT DER BALL!
UND DA KOMMT DER SCHWEINI!
EIGENTLICH WÜRDE ICH JA JETZT DEN BALL WEGHAUEN.
ABER DER SCHWEINI WEISS DAS. UND ICH WEISS, DASS ER WEISS, DASS ER WAS "ANDERS MACHEN" SOLL.
ALSO MACHE ICH WAS ANDERS!
HESSEN KASSEL
WAS MACHT DENN VAN BUYTEN DA? SCHWEINSTEIGER NIMMT IHM DEN BALL AB, SCHWEINSTEIGER ZU MÜLLER, MÜLLER ZU KLOSE UND TOOOOORRRR!!!!
POLDI
SF HAMBORN 07
VFR NEUMÜNSTER

ÄRMSTE ZEITUNG

Spielbericht von Doktor Müller-Wohltat

Zurück zum altbewährten Naturheilmittel Klose.
Leitliniengerecht sorgte Bundestrainer Jogi Löw für einen erfolgreichen Durchbruch bei der Abwehr des banalen Belgier-Erregertypus Bazillus Duoritis. „Wir wollten endlich einmal nichts anders machen. Die Taktik der Wahl war konservativ.“ So das Fazit von Bundestrainer Jogi Löw. Gegen Belgien gewann die Deutsche Nationalelf, wie immer 1:0.

Allerdings erhöhte die Vorliebe der Belgier für Pommes, Bier und Schokolade das Langsamkeitsrisiko um rund 30 Prozent. Da half auch nicht das Trainer-Spieler-Gespräch mit konkreten Verhaltens-Empfehlungen aufgrund einer umfangreichen Lebensstil-Analyse.
Dabei hatte Belgien alles anders gemacht als in den Qualifikationen zuvor.
Sie brachten gerade im Frühstadium des Spiels die schnelle Effekt-Abwehr in den Angriff .... Und ... nutzten die genetisch bedingte Prädisposition für Labilität auf der rechten Seite der Deutschen immer wieder. Schmerzlich vermisst wurde in dieser Phase eine Portion des Kapitäns-Goldstandards Michael ... äh ... wie hieß er noch gleich? (Notiz: Einnahme von Tebo-Gedächtnismittel erhöhen)
Nur eine hohe Dosis Neuer verhinderte schon frühzeitig das Ausbrechen einer Pandemie.

Das Antiallergikum Jansen half hier natürlich rein gar nichts. Schließlich entschied Priv.-Doz. Löw, den Rahmen der Arzneimittelverordnung zu lockern und im Off-Label-Bereich zu agieren. So erzielte er mit Westermann erheblich verbesserte Erfolge. Und dann war der Teamkreislauf stabil und zeigte erfreuliche Fortschritte. Doch das Übel einzudämmen, ist nur das eine. Um einen grundsätzlichen Sieg über die Beschwerden zu erringen, muss der Fachmann offensiv an der Problem heran gehen. So zeigte der Einsatz von Özil in der 17. Minute und eine Müller-Kur in der 22. Minute schon gute Effekte.
Doch diese neuen und frischen Wirkstoffe befinden sich immer noch in der Erprobungsphase und man sollte die randomisierte, kontrollierte Doppelblindstudie abwarten, bevor man sie endgültig ins Feld führt.
Geholfen hat schlussendlich das alte Hausmittel Klose. In der 51. Minute gab er Belgien einen ganz bitteren Schluck. Hervorzuheben ist hier auch die Münchner Wechselwirkung zwischen Schweinsteiger, Müller, Klose und letztendlich auch van Buyten. Sie verfügen allesamt über eine hervorragende Salutogenese.
Wobei das belgische Teamspiel wohl an einer hochgradigen Medikamentenunverträglichkeit leiden wird. Statt die Pille abzugeben, ließ sie sich die Mannschaft abnehmen und rektal einführen. Das wird sicher langwierige Behandlungsstrategien erfordern.
Und so endete das Spiel, wie von Bundestrainer gewünscht, nicht anders als sonst. Deutschland gewinnt gegen Belgien.

HALLO! HIER JOGI "THE WINNER" LÖW.
AH, DU BIST´S! MISCHA, DU ALTER BALLACKTIST. DER CAPITANO! HAST DU´S GESEHN? WIR HABEN GEWONNEN!
WIE!?! DU WARST NICHT EINGELADEN?
ÄH... ALSO ICH BIN MIR GANZ SICHER, DASS ICH DIE EINLADUNG RAUSGESCHICKT HAB.
DAS LIEGT WAHRSCHEINLICH DARAN, WEIL DU IN ENGLAND BIST. DIE HABEN DA JA EINE KÖNIGLICHE POST. UND DU WEISST JA SELBER ... DIESE KÖNIGIN IST NICHT MEHR DIE JÜNGSTE... DAS GEHT NICHT MEHR SO SCHNELL.

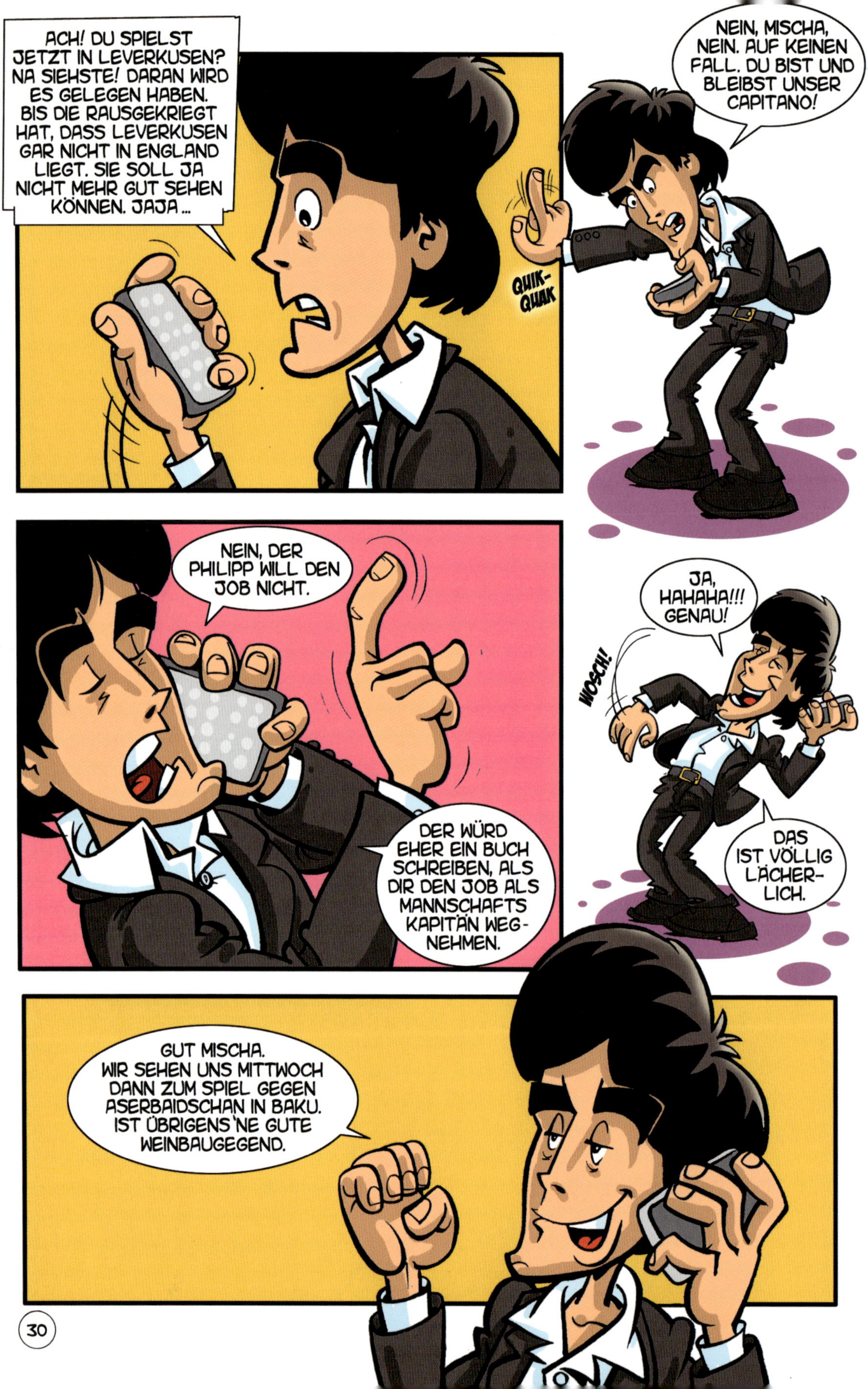
ACH! DU SPIELST JETZT IN LEVERKUSEN? NA SIEHSTE! DARAN WIRD ES GELEGEN HABEN. BIS DIE RAUSGEKRIEGT HAT, DASS LEVERKUSEN GAR NICHT IN ENGLAND LIEGT. SIE SOLL JA NICHT MEHR GUT SEHEN KÖNNEN. JAJA ...
NEIN, MISCHA, NEIN. AUF KEINEN FALL. DU BIST UND BLEIBST UNSER CAPITANO!
QUIK-QUAK
NEIN, DER PHILIPP WILL DEN JOB NICHT.
DER WÜRD EHER EIN BUCH SCHREIBEN, ALS DIR DEN JOB ALS MANNSCHAFTS KAPITÄN WEG-NEHMEN.
JA, HAHAHA!!! GENAU!
WOSCH!
DAS IST VÖLLIG LÄCHER-LICH.
GUT MISCHA. WIR SEHEN UNS MITTWOCH DANN ZUM SPIEL GEGEN ASERBAIDSCHAN IN BAKU. IST ÜBRIGENS 'NE GUTE WEINBAUGEGEND.

UND SO AM MITTWOCH KURZ VOR DEM SPIEL GEGEN ASERBAIDSCHAN IN KÖLN ...
EY, BIERI! DEN TYPEN DA! DEN KENN ICH DOCH!
PLINK!
JA, DAS IST DER TRAINER VON ASERBAIDSCHAN.
DEN KENNST DU, WEIL ER AUCH MAL HIER...
PAPPERLAPAPP!!! DEN KENN ICH, WEIL ICH VON DEM EIN BUCH GELESEN HAB!
GREIL!
Lutz Mathesdorf Volker Sponholz
BERTIS BUBEN
AUF NACH FRANKREICH!
HAHAHA! DER TRAINER IST EINE COMICFIGUR!
GACKER!
DIE HAUN WIR WEG!

BALL ASTRO WOCHE

von Professor Sybill Trelawny

6.9.2010

Deutschland gegen Aserbaidschan

Wenn das kein 6:1 wird!

Der Blick in die Sterne verrät es:
Deutschland wird gegen Aserbaidschan haushoch punkten. So wird eine Pflichtübung zur Jubelnummer. Zwillingen steht eben im Moment kaum etwas im Weg. Schauen wir uns die Hauptakteure und ihre Sternen/Planeten-Konstellation an:

Lukas Podolski (4. Juni 1985, Sternzeichen Zwilling) – erfolgreich mit kosmischem Rückenwind, durchsetzungsfähig, emsig und auch teamfähig dank einer starken Venus-Mars-Kombination. So wird er immer wieder aufs Tor schießen und schließlich gelingt es ihm. Groß ist die kosmische Harmonie mit Miroslav Klose, sie verstärkt die günstige Stellung noch. Sicher wird ihm Podolski die richtige Vorlage bieten. Die der Star-Schütze (astrologisch aber ein Zwilling, 9. Juni 1978) nutzen wird.

Bild: Manuel greift nach den Sternen und...

Manuel Neuer (27. März 1986, Sternzeichen Widder) - bekannt durchsetzungsfähig, aber Pluto lässt ihn kurz ungeschickt werden – mit Folgen.

Jogi Löw (3. Februar 1960, Sternzeichen Wassermann) - ist kein Spielball seiner lebhaften Kreativität und führt seine Mannschaft mit einer guten Portion Jupiter-Einfluss ins Finale (aus astrologischer Sicht gibt es da keine Zweifel).
Eine kritische Neptun (Trigon) - Pluto (Quadrat) - Konstellation macht hingegen dem Trainer der Aserbaidschaner schwer zu schaffen.

Berti Vogts (30. Dezember 1946, Sternzeichen Steinbock)
- wird Pech haben, aber wir sagen: nicht verzweifeln, trotz Sternentief.

Unser Fazit:
Dieses Spiel wird in die ferne Zukunft weisen.

RING! RING!
HALLO!
AH, MICHA. DER CAPITANO. WO BLEIBST DU DENN? WIR HABEN DICH VERMISST.
IN BAKU!?
OBST
NEIN. KÖLN! NICHT BAKU. GANZ SICHER!
NAJA, BAKU - KÖLN... DAS RIECHT JA FAST GLEICH. DAS KANN MAN SCHON VERWECH-SELN, MISCHA.
KÖLNER RUM-GEEIER!
MÜFFEL!
Hennes
KÖDDL!
JA... MACHT NIX. DANN BIS ZUM SPIEL GEGEN DIE TÜRKEI. TSCHÖ, MICHA.

MIST!
WAS IST?
BALLACK WILL GEGEN DIE TÜRKEI WIEDER MITSPIELEN.
WROCK!
UND ICH MUSSTE KLINSMANN VERSPRECHEN, IHN NICHT RAUSZUSCHMEISSEN. WIR MÜSSEN WAS "ANDERS MACHEN", SONST WERDEN WIR NICHT EUROPAMEISTER.
QUIEK-QUAK!
VERSTEHSTE, BIERI?
MIR FÄLLT NICHTS MEHR EIN, WIE ICH BALLACK VERTRÖSTEN KANN. DA HILFT NUR NOCH EINES.
ICH MUSS MIT BOATENG REDEN.
JÉRÔME ODER KEVIN-PRINCE ?
QUIK-QUAK
DAS IST DOCH EGAL!
WIESO EGAL?
KENNST DU ETWA DAS GRAUSIGE BOATENG-GEHEIMNIS NICHT?
GRAUSIGES GEHEIMNIS!?!
BIBBER!
KLAPPER!
FEAR!
ZITTER!

DAS GRAUSIGE BOATENG-GEHEIMNIS
R.I.P.
R.I.P.
FAIR PLAY BEERDIGT VON MARCO MATERAZZI
BRITANNIA 92 BERLIN
GOLDEN GOAL *1996 +1996
11 FREUNDE MÜSST IHR SEIN!
HIER RUHT OLLIE KAHNS TRAUM VOM EM-WM-TITEL...

HABT IHR EUCH EIGENTLICH NIE GEWUNDERT,...
...DASS DIE BEIDEN BOATENG-BRÜDER SO VERSCHIEDEN SIND?
HIER DER GEBILDETE JÉRÔME. EIN ÄSTHET. EIN STETS GUT GEKLEIDETER MENSCH MIT KULTUR.
EIN FUSSBALL-ADLIGER DES GUTEN GESCHMACKS.
MUSISCH UND BELESEN.
DER KNIGGE DES BALLS!
UND DORT KEVIN-PRINCE. DIE SEELE DER DUNKLEN SEITE DER MACHT VERSCHRIEBEN.
DER DÜSTERE!
DIE WANDELNDE TRETMINE!
DER TÄTOWIERTE GANGSTER-FUSSBALLER!

ICH WERDE DIR MAL IHRE GESCHICHTE ERZÄHLEN. ES WAR EINMAL …
… AN EINEM DÜSTEREN UND DUNKLEN ORT. EIN PLATZ, WIE ER GRAUSAMER NICHT SEIN KÖNNTE. EIN HORT DER ENTBEHRUNG. EINE ANKLAGE AN DIE WELT. DAS GRAUEN IN LEHMZIEGEL GEBRANNT. DIE VERZWEIFLUNG ZU DACHSPARREN GEFORMT. ES WAR ALSO EINMAL …
… IN BERLIN!
… ÄH, BERLIN IST ABER ECHT HÜBSCH.
JA! ABER SO PASST DAS ÜBERHAUPT NICHT ZUR GESCHICHTE. WENN ICH JETZT SAGE: VOLLER BLUMEN, COOLE LEUTE, IMMER PARTY UND SO. ALSO GRAUSELIG, GRUSELIG BERLIN, OK?
HUCK!
OK!
PAPP!

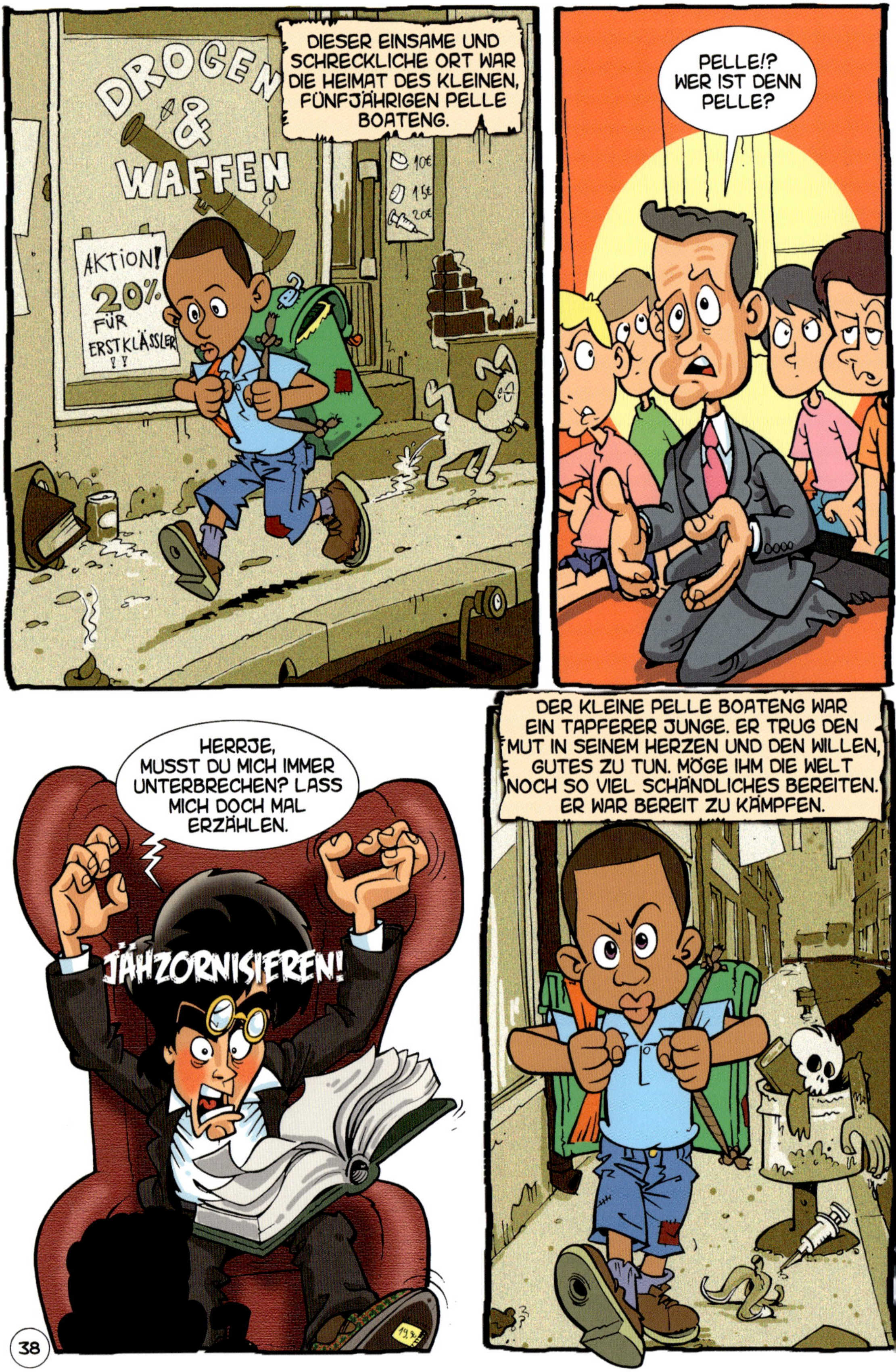
DIESER EINSAME UND SCHRECKLICHE ORT WAR DIE HEIMAT DES KLEINEN, FÜNFJÄHRIGEN PELLE BOATENG.
DROGEN & WAFFEN
AKTION! 20% FÜR ERSTKLÄSSLER!!
10€
15€
20€
PELLE!? WER IST DENN PELLE?
HERRJE, MUSST DU MICH IMMER UNTERBRECHEN? LASS MICH DOCH MAL ERZÄHLEN.
JÄHZORNISIEREN!
DER KLEINE PELLE BOATENG WAR EIN TAPFERER JUNGE. ER TRUG DEN MUT IN SEINEM HERZEN UND DEN WILLEN, GUTES ZU TUN. MÖGE IHM DIE WELT NOCH SO VIEL SCHÄNDLICHES BEREITEN. ER WAR BEREIT ZU KÄMPFEN.

NUN TRUG ES SICH ABER SO, DASS DIESER ORT BERLIN IN ZWEI TEILE GETEILT WAR.

JA, KENN ICH. OST-BERLIN UND WEST-BERLIN.
QUIEK-QUAK!
Werbefläche zu vermieten

JA, UND DAS WAR DAS GROSSE PROBLEM UNSERES KLEINEN PELLES.

NEIN, QUATSCH. ARM-BERLIN UND REICH-BERLIN. ODER, UM ES GENAUER ZU SAGEN, WEDDING UND WILMERSDORF.
QUAK-QUIEK!
GRUDDL!
ACH!

ER LEBTE NÄMLICH IN BEIDEN WELTEN.
EIN TEIL SEINER FAMILIE LEBTE IM REICHEN WILMERSDORF...
...UND EIN ANDERER TEIL IM ARMEN WEDDING.
UND SO MUSSTE DER KLEINE PELLE IMMER HIN UND HER. WAR ER EINE STUNDE IN REICH-BERLIN, SO VERBRACHTE ER DIE NÄCHSTE STUNDE WIEDER IN ARM-BERLIN.
ÜBTE ER IN REICH-BERLIN MORGENS NOCH CELLO ...
...SO ÜBTE ER NACHMITTAGS IN ARM-BERLIN DAS AUF- UND ZUKLAPPEN VON BUTTERFLYMESSERN.
RAPPTE ER ABENDS NOCH ZU BUSHIDO IM WEDDING...
UND SEIN LEBEN WAR SO VÖLLIG VERSCHIEDEN.
... SO PHILOSOPHIERTE ER AM NÄCHSTEN MORGEN ÜBER NIETZSCHE IN WILMERSDORF.

JE NACHDEM, BEI WELCHEN VERWANDTEN ER GERADE WAR.
SEINE GÜTE, HÖFLICHKEIT UND AUFRICHTIGKEIT BRACHTEN DEN KLEINEN PELLE DAZU, SICH IMMER SEINER JEWEILIGEN UMWELT ANZUPASSEN.

ER WAR GANZ SCHÖN ANGESTRENGT, DER KLEINE PELLE.
WIE SOLLTE ER DAS IMMER AUSEINANDERHALTEN? DA KAM ER AUF EINEN TRICK: ER DACHTE SICH 2 NAMEN AUS. IMMER WENN ER IN REICH-BERLIN WAR, NANNTE ER SICH JÉRÔME UND IN ARM-BERLIN WAR ER KEVIN-PRINCE.

WUDDELI
NEIN!
DOCH!
WUDDELI
NUR SO KONNTE ER SICH MERKEN, NICHT MEHR "VOLL AGGRO" ZU RUFEN, WENN ER IM SONNTAGSCHOR DER PFINGSTGEMEINDE GREGORIANISCHE GESÄNGE ÜBTE.
AUF DER ANDEREN SEITE VERSUCHTE ER NICHT MEHR, ÜBER DIE VORZÜGE VON TRÜFFELÖL AN ENDIVIENSALAT IM "MESHUR KÖFTECI" DÖNERLADEN ZU REFERIEREN.
WUDDDELI
SO LERNTE ER SCHNELL UMZUSCHALTEN, UND ER WURDE IMMER BESSER UND IMMER SCHNELLER.
QUIEK-QUAK!
WUDDDELI
SNIP!
ER WURDE SO SCHNELL UND SO GUT, DASS ER ES SICH LEISTEN KONNTE, 2 VERTRÄGE BEI 2 VERSCHIEDENEN VEREINEN ZU UNTERSCHREIBEN. ER WURDE "DR. JEKYLL UND MR. HYDE" DES FUSSBALLS.
PLINK!
SACH AN! WIE MACHT ER DAS NUR?

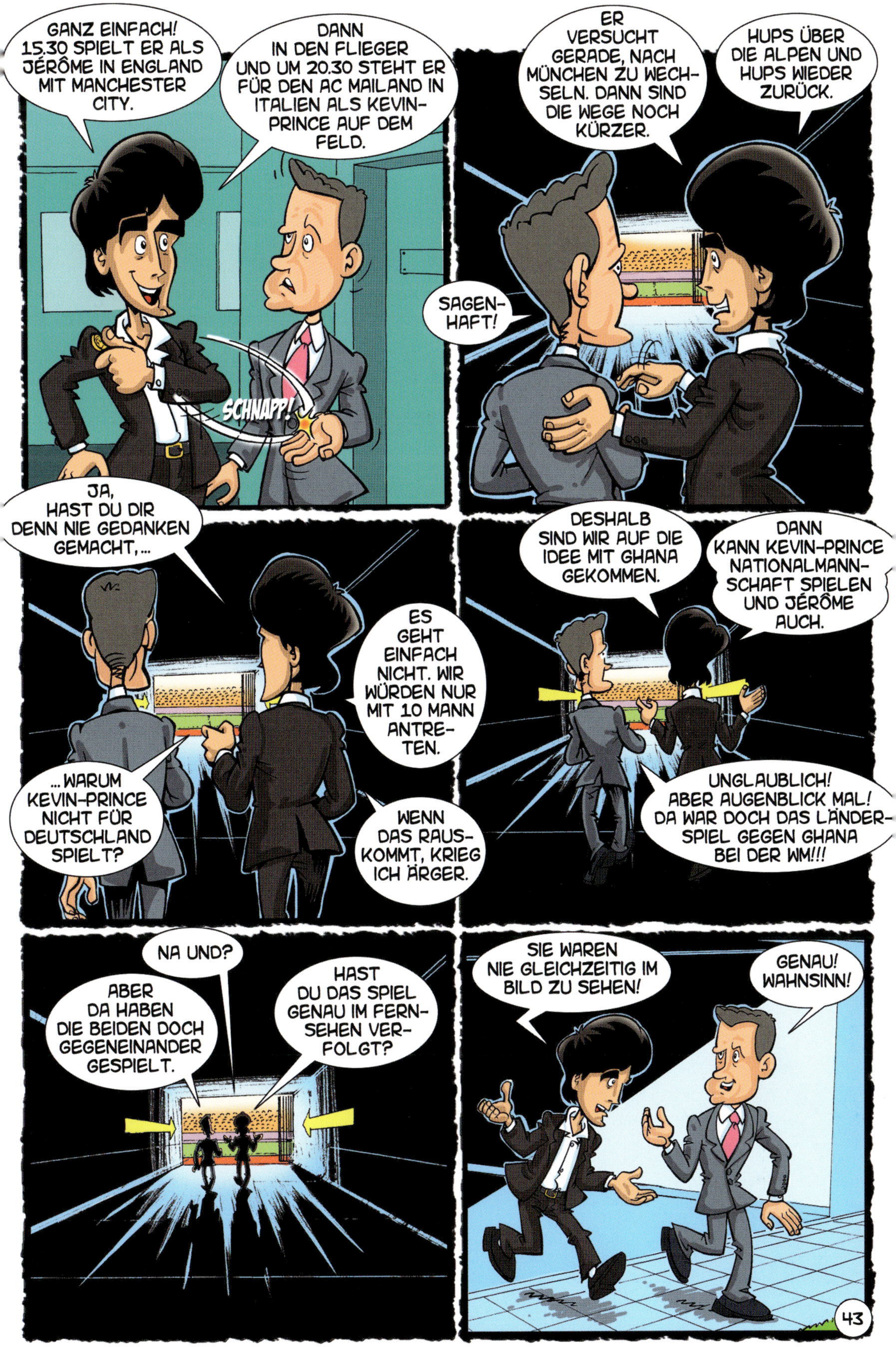
GANZ EINFACH! 15.30 SPIELT ER ALS JÉRÔME IN ENGLAND MIT MANCHESTER CITY.
DANN IN DEN FLIEGER UND UM 20.30 STEHT ER FÜR DEN AC MAILAND IN ITALIEN ALS KEVIN-PRINCE AUF DEM FELD.
SCHNAPP!
ER VERSUCHT GERADE, NACH MÜNCHEN ZU WECHSELN. DANN SIND DIE WEGE NOCH KÜRZER.
HUPS ÜBER DIE ALPEN UND HUPS WIEDER ZURÜCK.
SAGENHAFT!
JA, HAST DU DIR DENN NIE GEDANKEN GEMACHT, …
…WARUM KEVIN-PRINCE NICHT FÜR DEUTSCHLAND SPIELT?
ES GEHT EINFACH NICHT. WIR WÜRDEN NUR MIT 10 MANN ANTRETEN.
WENN DAS RAUSKOMMT, KRIEG ICH ÄRGER.
DESHALB SIND WIR AUF DIE IDEE MIT GHANA GEKOMMEN.
DANN KANN KEVIN-PRINCE NATIONALMANNSCHAFT SPIELEN UND JÉRÔME AUCH.
UNGLAUBLICH! ABER AUGENBLICK MAL! DA WAR DOCH DAS LÄNDERSPIEL GEGEN GHANA BEI DER WM!!!
NA UND?
ABER DA HABEN DIE BEIDEN DOCH GEGENEINANDER GESPIELT.
HAST DU DAS SPIEL GENAU IM FERNSEHEN VERFOLGT?
SIE WAREN NIE GLEICHZEITIG IM BILD ZU SEHEN!
GENAU! WAHNSINN!

SO, MEINE HERREN LÖWEN!
GEGEN DIE TÜRKEI WERDEN WIR JETZT MAL WAS "ANDERS MACHEN"!
SCHWEB...
BEAGL!

UNGS! SCHON WIEDER DER TYP VON DER MEIEREI!
WAS IST DAS, MANUEL?
ICH VERRAT ES! ASERBAIDSCHANI-SCHER ECKBALL!
SLIME!
SQUIEZ!
WUSCH!

OK! WIR SPIELEN IN DER STADT VOLLER BLUMEN, COOLE LEUTE, IMMER PARTY! WIR SPIELEN IN...
FLIIIIEEEEEG!
WAF!
HUP! HUP!
HUP!
HUP!
HILDES-HEIM?
NEIN! WIR SPIELEN IN BERLIN!
AUSVERKAUFTES STADION! DAS BEDEUTET, WIR SPIELEN VOR 80.000 TÜRKEN. ALLES VOLLER TÜRKISCHER FLAGGEN, TÜRKISCHE SCHLACHTENGESÄNGE. RAKI UND DÖNER STATT BIER UND WURST. WAS MACHEN WIR ALSO?
PANZER-FUSSBALL?
NEIN, PHILIPP! WIR MACHEN DAS JA ANDERS ALS SONST. ALSO MACHEN WIR PSYCHOLOGIE!
ÄH!
STRAHL!
WIR STUDIEREN DIE TÜRKEN! WIR IMITIEREN DIE TÜRKEN! WIR ASSIMILIEREN DIE TÜRKEN!
OH!
WIR ESSEN TÜRKISCH! TRINKEN TÜRKISCH! REDEN TÜRKISCH! SPIELEN TÜRKISCH!
10
UH!
EH!
WIR WERDEN TÜRKISCHER ALS DIE TÜRKEN. UND WENN 80.000 TÜRKEN DIE TÜRKEN ANFEUERN, WERDEN SIE UNS ANFEUERN!!!
Ö!
WIDERSTAND IST ZWECKLOS!

AB SOFORT BIST DU MEHMETLAW KLÖSÖ.
OK!
ZEIG!
AUS DIR WIRD MAHMUT YENI.
OK!
ZEIG!
DU BIST LUCAN PÜDÜLSKÜ.
JEP!
ZEIG!
DU HEISST AB SOFORT ERDOGAN TOPAL.
ALLES KLAR, BOSS.
ZEIG!
UND DU BIST MEHMET KURTULUS.
ZEIG!
ABER ... ABER ...
KANN ICH NICHT EINFACH MEINEN NAMEN ...
... ICH MEIN ...

VERSTEHST DU NICHT? DU MUSST TÜRKISCH WERDEN! ANATOLIEN MUSS DURCH DEINE ADERN FLIESSEN.
DIE JAHRTAUSENDE ALTE UND RUHMREICHE GESCHICHTE DES OSMANISCHEN REICHS MUSS DEINE AURA WERDEN.
DU MUSST EINS WERDEN MIT DEM GEIST ATATÜRKS!
WEDL!
BILMENEK DEĞIL, ÖĞRENMEMEK AYIPTIR.
ALSO, DU WIRST MEHMET KURTULUS, MESUT.
NA GUT, JOGI.
NICHT JOGI.
JÖGÜ ASLAN!
FLUP!

selbst ist der Ball

Das Kick-it-yourself-Magazin

Tim Taylor berichtet:

Handwerk mit goldenem Boden

Latte, Pfosten, Klose … So baut man ein Siegertor

Schritt für Schritt zum Erfolg (im Anhang Anleitung zum Nachbauen für zu Hause).

Kein Spiel gleicht dem anderen. Doch eines ist ihnen allen gleich: "Gewonnen werden" sollen sie. Dabei weiß der Fachmann: Auf das richtige Werkzeug kommt es an. Bei der ersten Sichtung des Materials war schnell klar, dass die deutsche Mannschaft Qualitätsstandarts erfüllte. Sowohl beim Feinwerkzeug wie Özil oder Kroos, als auch Badstuber oder Mertesacker, wenn mal der Hammer heraus-geholt werden mußte. Alles lief wie geölt und war blitzblank.
Interessant: Trotz Heimwerks im Berliner Olympiastudio waren die Deutschen im Publikum nicht dominant. Aber das kennt jeder Heimwerker, der sich nicht immer des Applauses der Familie sicher sein kann. Trotz grundsolider Resultate. (Nur am Rande: Liebe Jill, das Garagentor funktioniert einwandfrei, genauso wie sich das Badregal passgenau in die Nische fügt)
Das Spiel gewann das deutsche Team dank guter Planung des Bauleiters Löw.

Bild: Die Altintops ohne Plan. Das kann ja nichts werden.

Dabei gelang es den Spielern, den Platz optimal zu nutzen, ohne Stauraum zu verschenken. Entschlussfreude eines Mannes kann alles schaffen: Klose nutzte meisterlich die Maß-Vorgaben, Schlampigkeiten der gegnerischen Seite und versenkte den Ball, wie einer Nut durch den, ihm angebotenen, Freiraum folgend, im Tor.

ÖZIL
VERLETZT-MELDUNG VON MICHAEL BALLACK.
FALAPPER!
AH! DR. MÜLLER-WOHLTAT, UNSER MANN-SCHAFTSARZT. WAS GIBT'S?
ZICK-ZACK TOR!
SCHÄMECKE
GELBE KARTE
TJA...
DAMIT LANDET UNSER CAPITANO...
FALZ!
...WOHL...
...ERST MAL...
...IN...
...DER...
...GROSSEN ABLAGE!

SO ES GEHT NACH KASACHSTAN! DAS IST EINE GANZ ABGELEGENE ECKE.
kasachstan
WER WEISS WAS ÜBER KASACHSTAN?
KOMMT JUNGS, MELDET EUCH. ES GIBT EINEN STAMMPLATZ. ICH BRAUCHE INTELLIGENTE SPIELER!
GANZ LANGE GESCHEIT ENGLISCH
SASCHA RIETHER.
MELD!
DER WEISS ES!
KASACHENKAFFEE UND KASACHENTANZ!
BOAH!
NEIN, DAS WAREN DIE KOSAKEN.
BLITZ!
UND DAS WAR DEINE NATIONALMANNSCHAFTSKARRIERE.
ASTANA!
DIE HAUPTSTADT VON KASACHSTAN IST ASTANA!
DAS GLÜCKSSPIELPARADIES DES OSTENS.
DAS WIRD EIN GLÜCKLICHES UND PARADIESISCHES SPIEL!!!

HABT IHR DAS GEHÖRT?
EIN SPIEL MIT GLÜCKLICHEN, PARADIESISCHEN ZUSTÄNDEN? WAS KANN ER DAMIT GEMEINT HABEN?
...GRINS...
FLUPP!
FAMP!
TROOOOOTTT!
GROSS...
...GLOCKNER...
WEITER-SPIELEN.
ZWIRBEL!

SpielStern von Leisure Suit Larry, Freier Chefredakteur

Kasachstan 0.3.

War es ein Taktikspiel mit Shooter-Qualitäten oder doch ein einfaches Open-World-Rollenspiel? Wir zweifelten zwischendurch. Ein wenig mehr Talent- und Craftingsystem bei durchdachter Strategie und explosivere Grafik-3-D-Animationen würden dem Spiel guttun. Auch die vertonten Online-Dialoge wirkten ein wenig lieblos bis schlampig.

Bild: An manchen Stellen war Podolskis Spiel doch arg pixelig!

Beim Einstieg waren die Grafikeinstellungen von der Anordnung her etwas unübersichtlich. Doch daran gewöhnte man sich. Im Laufe der neunzig Minuten gewann die Farbgebung etwas an Brillanz. Phasenweise erfreuten uns die Spielzüge der Kasachen. Sie liefen hinter dem Ball her, als sei ein mächtiges Artefakt in ihm versteckt.
Doch die Verschwörer lauerten schon im Hinterhalt. Die wilden Reiter verloren nach der ersten Battle ohne Ende Energiepunkte und wirkten danach einfach nur abgekämpft. Und wie in jedem Real-Gamer-Life: Zu passive Spieler werden bestraft. Drei Tore: Sieg auf der deutschen Seite. Anders als bei den guten alten Rollenspielen gab Glück den Ausschlag. Da müssen die Entwickler noch dran arbeiten (ein Patch liegt unser nächsten Ausgabe bei). Wir freuen uns schon auf die Erweiterung mit Echtzeit-Strategie.

Tipp: Die Steuerung der Rasenheizung mit der +#+ Taste nutzen!
Plus: Im Street-District können wir die Garderobe beeinflussen und den Spielern endlich coole Outfits verpassen.

UND SO...
WILLKOMMEN, LIEBE SPIELER, AUF DER DIESJÄHRIGEN WEIHNACHTSFEIER DES DFB'S.
HABEN WIR BEI DER EM 2008 IN ÖSTERREICH UND DER SCHWEIZ NOCH VER-SUCHT, DEN BERG ZU ERKLIMMEN.
UND SIND WIR KURZ UNTER DEM GIPFEL NOCH JÄH ABGESTÜRZT. SO HABEN WIR UNS DIESES JAHR GEDACHT, DASS WIR GANZ HOCH HINAUS WOLLEN.
DFB
GANZ, GANZ HOCH!!!
TOLL JOGI, ABER ES IST ZIEMLICH KALT HIER OBEN.
JA, VERSTEH ICH AUCH NICHT. IM PRO-SPEKT HAT GESTANDEN, DAS WÄRE EIN HEISS-LUFTBALLON.

EGAL! GEGEN DIE KÄLTE HABEN WIR JA AUCH GLÜHWEIN!
FAUCH!
FAUCH! FAUCH!
TRAINER. WAS IST EIGENTLICH IN DEM GLÜHWEIN DRIN?
WIR DACHTEN, AUS RESPEKT, WEIL DIE EM JA IN POLEN IST ...
... KIPPEN WIR MAL SCHÖNEN SELBSTGEBRANNTEN POLNISCHEN WODKA REIN.
WARUM?
FAUCH!

TRAINER! TRAINER! WO FLIEGEN WIR EIGENTLICH HIN?
FAUCH!
FAUCH!
FAUCH!
FAUCH!
ENTWEDER INS SIEGERLAND ...
... ODER INS SAUERLAND!
FAUCH!
FAUCH!

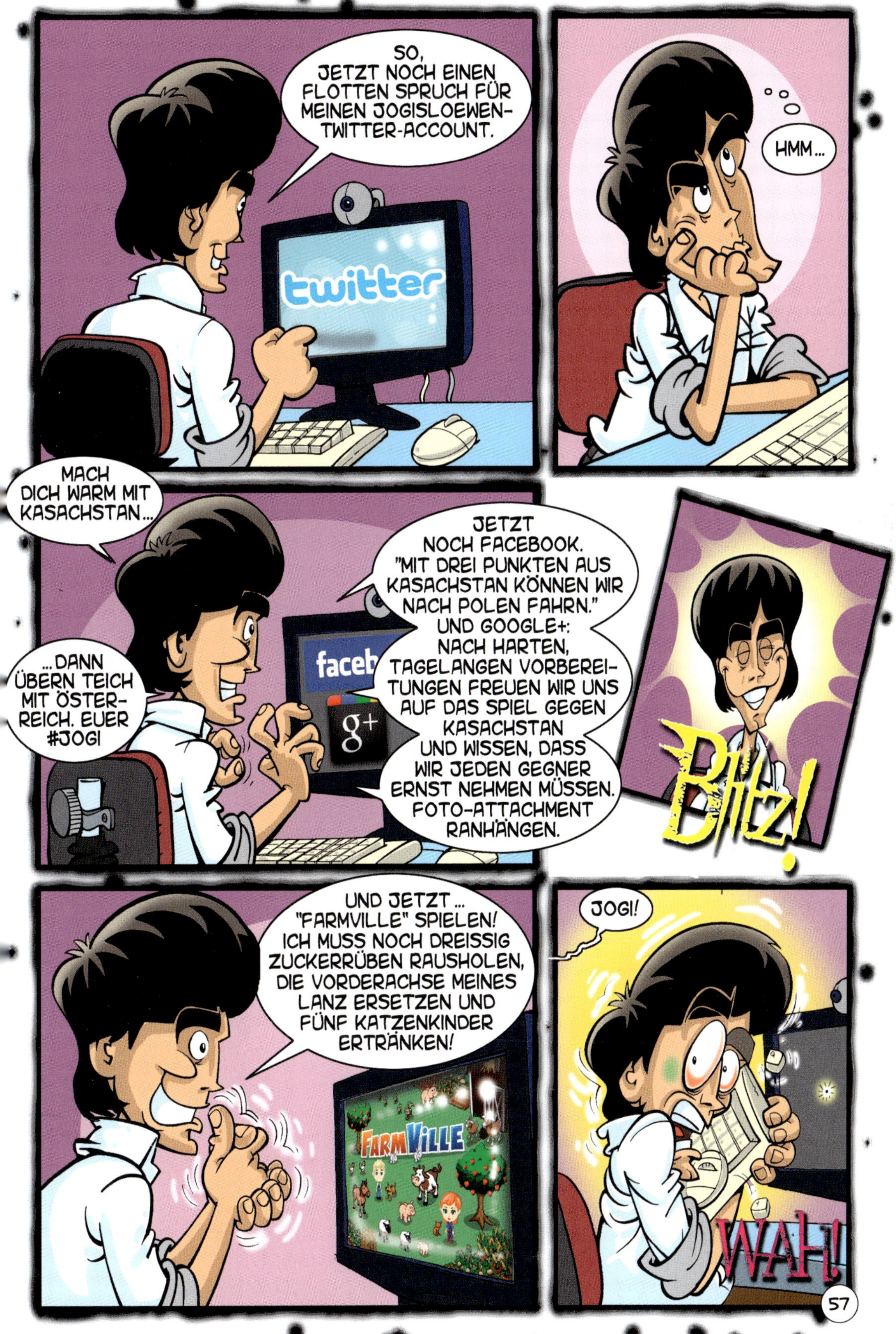
SO, JETZT NOCH EINEN FLOTTEN SPRUCH FÜR MEINEN JOGISLOEWEN-TWITTER-ACCOUNT.
twitter
HMM...
MACH DICH WARM MIT KASACHSTAN...
...DANN ÜBERN TEICH MIT ÖSTER-REICH. EUER #JOGI
JETZT NOCH FACEBOOK. "MIT DREI PUNKTEN AUS KASACHSTAN KÖNNEN WIR NACH POLEN FAHRN." UND GOOGLE+: NACH HARTEN, TAGELANGEN VORBEREI-TUNGEN FREUEN WIR UNS AUF DAS SPIEL GEGEN KASACHSTAN UND WISSEN, DASS WIR JEDEN GEGNER ERNST NEHMEN MÜSSEN. FOTO-ATTACHMENT RANHÄNGEN.
Blitz!
UND JETZT ... "FARMVILLE" SPIELEN! ICH MUSS NOCH DREISSIG ZUCKERRÜBEN RAUSHOLEN, DIE VORDERACHSE MEINES LANZ ERSETZEN UND FÜNF KATZENKINDER ERTRÄNKEN!
FARMVILLE
JOGI!
WAH!

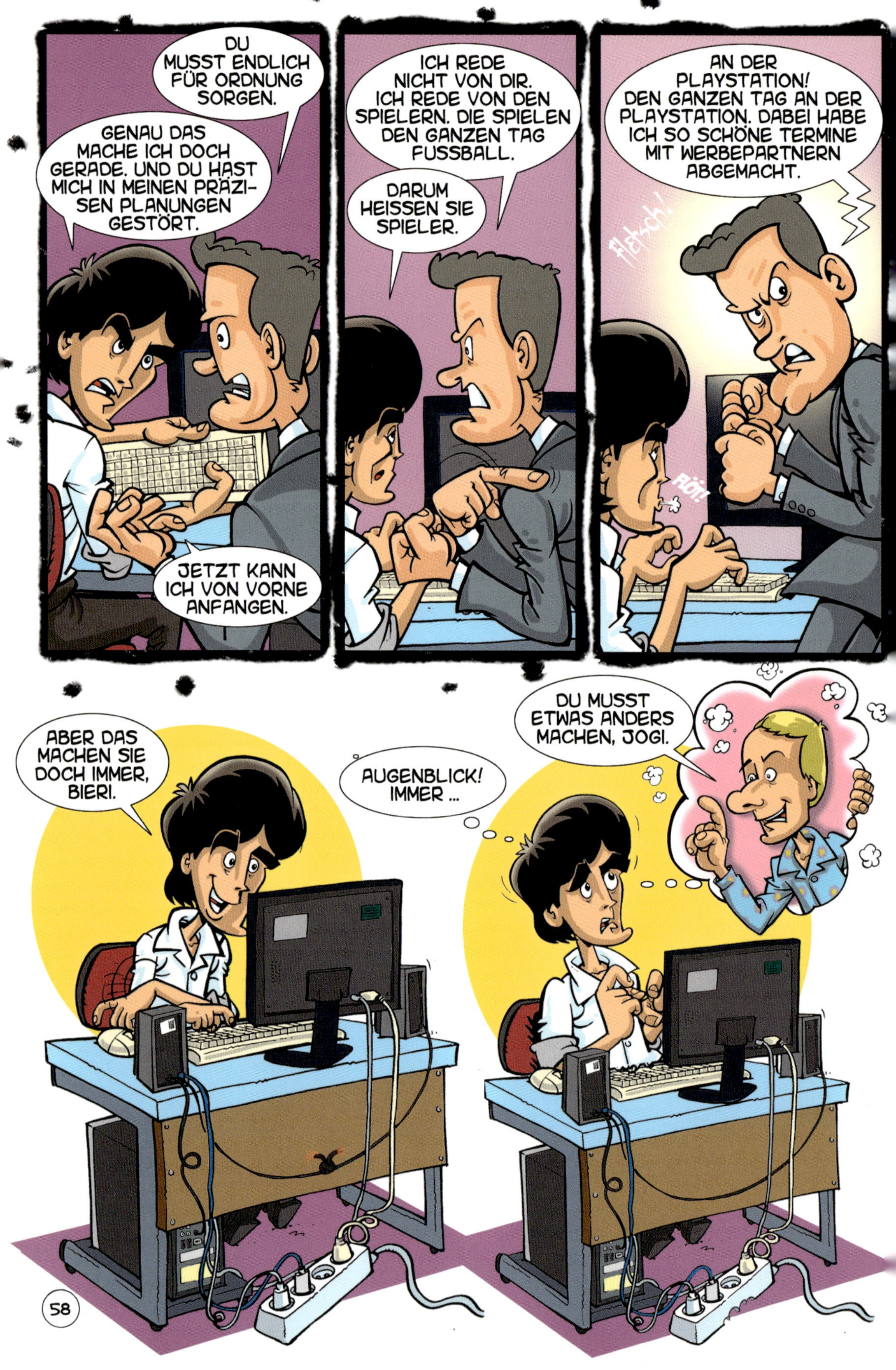
GENAU DAS MACHE ICH DOCH GERADE. UND DU HAST MICH IN MEINEN PRÄZI-SEN PLANUNGEN GESTÖRT.
DU MUSST ENDLICH FÜR ORDNUNG SORGEN.
JETZT KANN ICH VON VORNE ANFANGEN.
ICH REDE NICHT VON DIR. ICH REDE VON DEN SPIELERN. DIE SPIELEN DEN GANZEN TAG FUSSBALL.
DARUM HEISSEN SIE SPIELER.
AN DER PLAYSTATION! DEN GANZEN TAG AN DER PLAYSTATION. DABEI HABE ICH SO SCHÖNE TERMINE MIT WERBEPARTNERN ABGEMACHT.
fletsch!
FLÖT!
ABER DAS MACHEN SIE DOCH IMMER, BIERI.
AUGENBLICK! IMMER ...
DU MUSST ETWAS ANDERS MACHEN, JOGI.

WAMM!
PODOLSKI SPIELT DOPPELPASS MIT PODOLSKI. FLANKE REIN, PODOLSKI KÖPFT UND TOR!!!
PAUW!
WAMM!
DA SCHAUEN DIE ELF SCHWEINSTEIGERS ABER BLÖD.
MANNO. WARUM MUSS ICH IMMER BAYERN MÜNCHEN SPIELEN? ICH WILL AUCH MAL INTER MAILAND SEIN!
SCHLUSS JETZT, LÖWEN. IHR MÜSST EUCH AUF KASACHSTAN KONZENTRIEREN.
ES GEHT HIER UM DAS WICHTIGSTE AUF DER WELT!
UM ALLES!
UM EXISTIEREN ODER NICHTS SEIN.
JETZT NICHT, TRAINER!
IHR SPIELT UM DIE WELTMEISTER-SCHAFT?
NEE!
WER HIER GEWINNT, WIRD DIESES JAHR AUF DER "EA-SPORTS FIFA 12"-PACKUNG AB-GEBILDET.
BEISS!
UND WER FÜHRT?
POLDI NATÜRLICH. DER WAR SCHON ZWEIMAL DRAUF!

JA! UND ICH WERDE AUCH WIEDER GEWINNEN!
...PODOLSKI DRIBBELT GEGEN ALLE DURCH... STEHT ALLEIN VORM TORWART... UND...
WAT IS DAT DENN !?!
DAS IST MEIN TAUREN-BARBAR.
DEN HAB ICH MIR MIT MEINEM "WORLD-OF-WARCRAFT"-CHEAT RÜBER-GEHOLT.
SLOOOOOSH!!!
UND DER MACHT DICH JETZT PLATT!!!
UNG!
SO?
JUMP!
POW!
DANN KRIEGST DU ES ABER MIT EZIO AUS MEINEM "ASSASSIN'S CREED"-CHEAT ZU TUN!

DA SCHLAG ICH ZURÜCK!
WAMP!
"GTA SAN ANDREAS"-CHEAT
HE! HE! HE!
POW!
POW!
"COUNTER STRIKE"-CHEAT!
"CALL OF DUTY, BLACK OPS"-CHEAT!
PENG!
Host ended
GLUGS!
500

WAS?
"ANNO 1404"-CHEAT!
SLOSH!
WANKA
HA! STARCRAFT!
Britzel!
FLAMM!
MINECRAFT!
SLONK!
ZAK MC KRACKEN !!!

ZÄK MÄCKRÄCKEN? WOS IS DÖS DENN?
BESTIMMT SO'N OLDIE-KRAM.
OLDIE-KRAM! ICH WERD EUCH WAS!
EUCH ERSETZ ICH DURCH JÜNGERE.
NOCH JÜNGER ALS UNS? ICH BIN EINUNDZWANZIG!
DAS GEHT DOCH GAR NICHT!
HALLO, KLOPPO. ICH BRAUCH WAS JÜNGERES.
KANNST DU MIR DA HELFEN?
WIE ALT? JAAAAAA… GUUUUT!

ACHTZEHN! DER TYP IST ACHTZEHN!?!
DER BRAUCHT DOCH 'NE ELTERLICHE GENEHMIGUNG, ...
... WENN WIR NACH 20 UHR SPIELEN.
POK!
DU BIST DOCH SELBER ERST 21, THOMAS.
POK!
JAHUU!!!
JEEEP!!!
ABER EIN GESTANDENER SPIELER!
IMMERHIN. DER BALL LIEBT IHN.
NA GUT! SO LANGE IHN NIEMAND AUF DIE IDEE BRINGT, SEINE OMAS ÜBER DAS FERNSEHEN ZU GRÜSSEN, BESTEHT NOCH KEINE GEFAHR.
POK!
POK!
SCHWAPP!
FOXTROTT!
TÄNZEL!
TANGO!
SAMBA!
WALZA!
RUMBA!
WUSCHA

PLAYBALL

alles, was männern spaß macht

Kasachstans Angebot viermal angenommen!

Nicht die heißeste Begegnung, aber immerhin eine gute Nummer geschoben.

Von Charlie Shien

Okay, es macht mehr Spaß, wenn man einen echten Gegner hat und diese lusterfüllte Vorfreude, das gewisse Prickeln im Nacken spürt. Kurz, wenn das Häschen etwas entgegenzusetzen hat.
Denn, Hand auf die Hose, was bringt uns mehr in Fahrt als ein intelligenter Konter, ein geschmeidiges Ausweichmanöver und voller Körpereinsatz beim Zweikampf. Und dann wären da noch schnelle Kratzer über den Rücken, bestimmte Bewegungen mit dem Finger in Körperöffnungen, sowie halterlose Strümpfe, kein Slip unter dem Rock, aber dazu mehr ein anderes Mal. Wenn das Miteinander zu einem temperamentvollen Tango oder eben einem guten Run über den grünen Rasen wird.
Und viele echte Kerle finden: Nur Fußball ist besser als Sex. Vor allem, wenn es wild und ungestüm zugeht, aber doch die Mannschaften einer unsichtbaren Choreographie folgen. Wenn die ganze Gang bangt!.
Aber ein Gentleman genießt die Partie, auch wenn es mal nicht sprüht vor Leidenschaft. So wie bei diesem Spiel, bei dem Müller und Klose jeweils Zweimal ins kleine Schwarze getroffen haben.

Vielleicht ist dies der richtige Moment, um über den gefürchteten Knick in der Leistungskurve eines Mannes zu reden. Das kann auch dem Besten unter uns passieren – unabhängig vom Alter. Und ist seit Viagra ein rein mentales Problem. Da hilft es nur, sich schnell davon zu befreien und die Flucht nach vorn anzutreten. So wie Du, Thomas, multiple hast Du allen gezeigt, dass Du die Konkurrenz von Milchbubis nicht fürchten musst. Bravo! Ich habe nie daran gezweifelt, dass den gereiften Spieljungs die Zukunft gehört. Schließlich kann kein Jüngerer mit unseren vielfältigen Erfahrungen gleichziehen – frag die Bunnys!

DER GERD MÜLLER HAT...
NETZER NETZERT NICH MEHR
...68 LÄNDER-SPIELTORE GE-SCHOSSEN.
WIE VIEL HAST DU JETZT?
NA! 56 FÜR DEUTSCHLAND...
POK!
...UND FÜNF FÜR DIE TÜRKEI
NEE, DAS MIT "TÜRKISCH SEIN" IST JETZT VORBEI, MIRO.
DU DARFST DEN BART WIEDER AB-NEHMEN.
SLIME
ACH!
DAS IST MANCHMAL ECHT ZUM HEULEN MIT DEN JUNGS.
SNIEF!
SNIEF!
HA?
SNIEF!
SNIEF!
SNIEF!
SNIEF!
SNIEF!

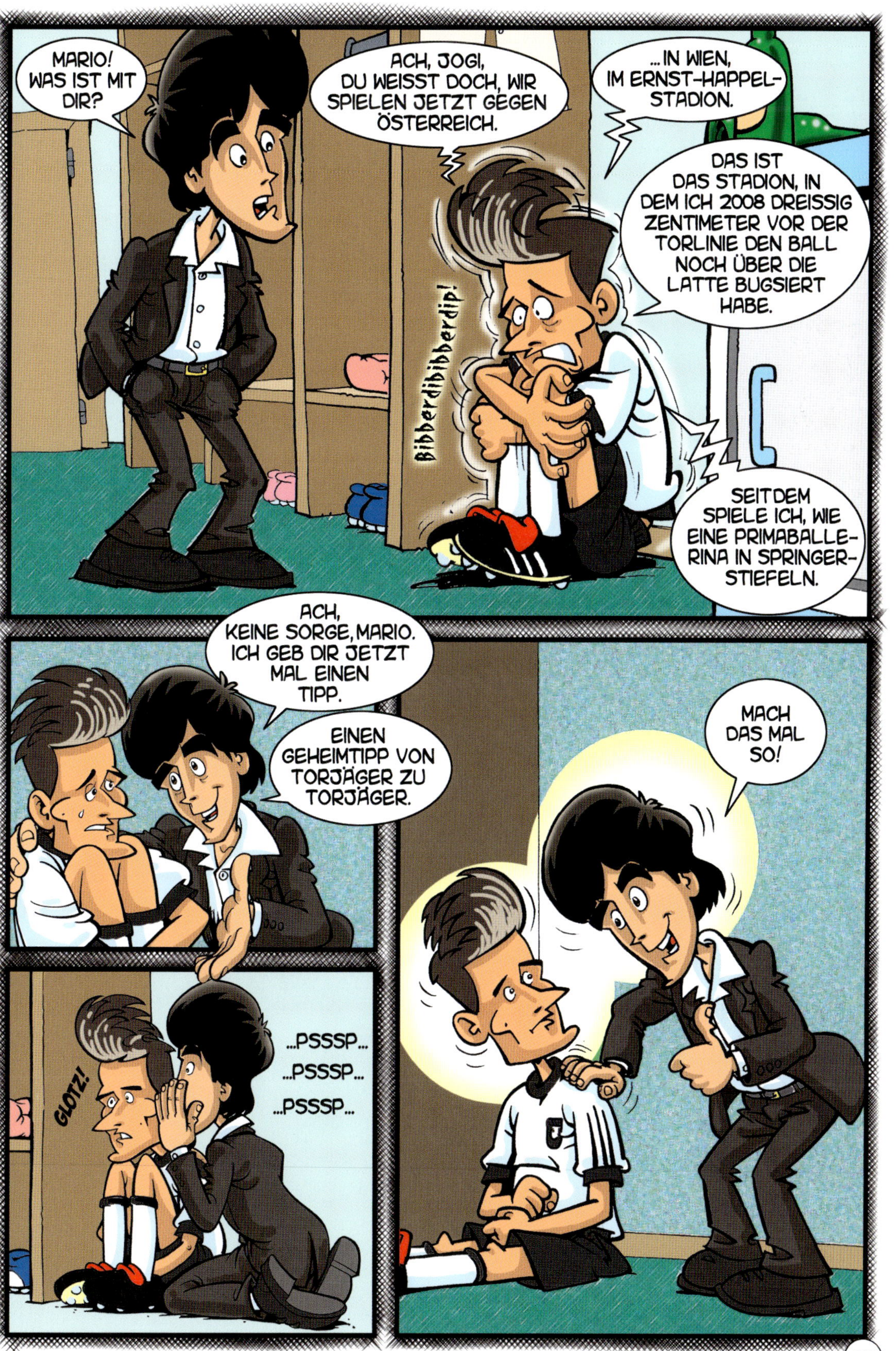
MARIO! WAS IST MIT DIR?
ACH, JOGI, DU WEISST DOCH, WIR SPIELEN JETZT GEGEN ÖSTERREICH.
...IN WIEN, IM ERNST-HAPPEL-STADION.
DAS IST DAS STADION, IN DEM ICH 2008 DREISSIG ZENTIMETER VOR DER TORLINIE DEN BALL NOCH ÜBER DIE LATTE BUGSIERT HABE.
Bibberdibibberdip!
SEITDEM SPIELE ICH, WIE EINE PRIMABALLE-RINA IN SPRINGER-STIEFELN.
ACH, KEINE SORGE, MARIO. ICH GEB DIR JETZT MAL EINEN TIPP.
EINEN GEHEIMTIPP VON TORJÄGER ZU TORJÄGER.
GLOTZ!
...PSSSP...
...PSSSP...
...PSSSP...
MACH DAS MAL SO!

KNIPSER

	Gesamt	mit Links	mit Rechts	Kopfball	Elfmeter	Angeschossen worden
1. Mario Gomez	28	-	-	-	-	28
2. Cissé	22	3	15	-	4	-
lovakovic	17	1	10	6	-	-
redjan Lakić	16	5	7	4	-	-
Lucas Barrios	16	2	9	5	-	-
Theofanis Gekas	16	-	13	3	4	-
7. André Schürrle	15	6	6	-	3	-
8. Ya Konan	14	1	8	3	2	-
9. Mathesdorf	13	3	-	10	-	-
10. Gabriel	13	-	-	-	13	-
11. Podolski	13	11	-	-	2	-
12. Raul	13	4	6	3	-	-

LandballLust

Das Magazin für Landleben
Haus·Garten·Strafraum·Hackentricks

Kurztrips die Freude machen

Österreich

von Waldelieb Hartmann

Lassen wir uns verzaubern von dem satten Grün der Rasenfläche und dem schönen 25-jährigen Brauch über die Österreicher zu siegen. Genießen Sie mit uns das jahreszeitliche Ritual mit gut trainierten Männern. Dabei sollte auch den zarten Nachwuchs-Pflänzchen unter ihnen eine Chance gegeben werden.

Wie schön, dass auch diesmal die Mannschaftsaufstellung kein Flickenteppich war, sondern gelungen durchwoben von Alt und Neu. Dank guter Pflege gedieh auch endlich unser bezaubernder Exot Gomez prächtig, überwand kleine Wachstumsverzögerungen und schoss förmlich in die Höhe.

Und nach dem Spiel gab es für alle einen schönen deftigen Eintopf zum Aufwärmen mit den beliebten wiederentdeckten Gemüsesorten wie Pastinake, Petersilienwurzel und Steckrübe (kleine Anmerkung für zu Hause: Ja, Kinder, das schmeckt wirklich lecker).

Bild: Österreich macht es auch Mario einfach, es zu mögen.

essen & spielen

Schmausen in Aserbaidschan -oder besserer Genuss unter Rotweineinfluss

von Alfons Schuhweg

Dieses 90-Minuten-Rezept taugte zum Klassiker. Frische Zutaten sind für jeden Spitzenkoch (wie mich) ein Muss und junges Gemüse gehört unbedingt hinein.
Ein wenig Holtby, eine Prise Schürrle und ein gerütteltes Maß Götze können eine Partie zu einem herzerfrischenden Augenschmauß machen.
Zu heiß wurde es auf dem Koch ... äh ... Spielfeld nicht. Immer wenn Aserbaidschan zu viel Oberhitze bekam, kühlten Özil und Gomez sie schnell wieder herunter. Einzig Podolski schien mir ein wenig zu fade.
Nun ja ... nach dem Hauptgang ist vor dem Dessert. Das Ganze hatte die letztendliche Qualität, als ob man drei Nürnberger Würstl zwischen ein Pappbrötchen klemmt und es von einem selbsternannten Starkoch und seinem Wurstspezi bewerben lässt.
Sie wurden bezahlt, wir haben es geschluckt. Ob's uns geschmeckt hat, fragt uns morgen eh keiner mehr.
Wir haben das Spiel mit drei Flaschen roten 96er-Baku-Spätsieger ertragen.

Bild: Was hat Podolski gespielt, da in Baku? "Sim-Koch"? oder "Pizza Connection"?

BITTE! LASS MICH NICHT HIER!
ICH BIN HIER NICHT SICHER.
SIE HABEN MICH HIER MIT GEFÄHRLICHEN, TRADITIONELLEN ASERBAIDSCHANISCHEN WAFFEN ANGEGRIFFEN!
SIE HABEN DICH MIT EINER GIESSKANNE GESCHLAGEN?
JA! UND DANN HABEN SIE MICH MIT TRADITIONELLEM WURFGESCHOSS BEWORFEN.
ICH HAB GEHÖRT, DAS SOLL KLOPAPIER GEWESEN SEIN!
NICHT IRGENDEIN KLOPAPIER! RAUHES, HARTES RECYCLINGPAPIER! MIT SCHARFEN KANTEN!
AUTSCH!
TUT MIR LEID, BERTI. ICH HAB DREI PUNKTE, EINE MANNSCHAFT UND VIER FÄSSER ASERBAIDSCHANERWEIN EINGEPACKT. MIT DIR HAB ICH EINFACH ZU VIEL ÜBERGEPÄCK.

SO EINE SAUEREI!
GLOTZ!
DÖS!
DA HAT DER TRAINER TATSÄCHLICH NOCH JÜNGERE ALS UNS GEFUNDEN!
BEI FIFA 12 BIN ICH JETZT ALTERMÄSSIG AUCH SCHON AUS DEM RENNEN!
JOGI HAT MICH ECHT GEGEN DIESEN HOLTBY AUSGETAUSCHT!
ICH GLAUB, ICH HÖR AUCH AUF. UND DAS ALLES NUR, WEGEN DIESEM HUMMELS.
ICH BIN AUCH ZU ALT FÜR DIESES SPIEL. NUR WEGEN DEM GÖTZE.
HUMMELS !?! JOGI HAT DICH GEGEN SCHÜRRLE AUSGETAUSCHT!
SCHÜRRLE IST DOCH PIEPEGAL.
MATS HUMMELS HAT MICH DIESE WOCHE DREIMAL PLATT GEMACHT!
ZULETZT MIT GERMANIA WINDECK!
RÜDDL!
WENN ER SO WEITERMACHT, KOMMT ER AM ENDE NOCH AUF'S COVER.
WARUM HAT JOGI DEN BLOSS NOMINIERT?

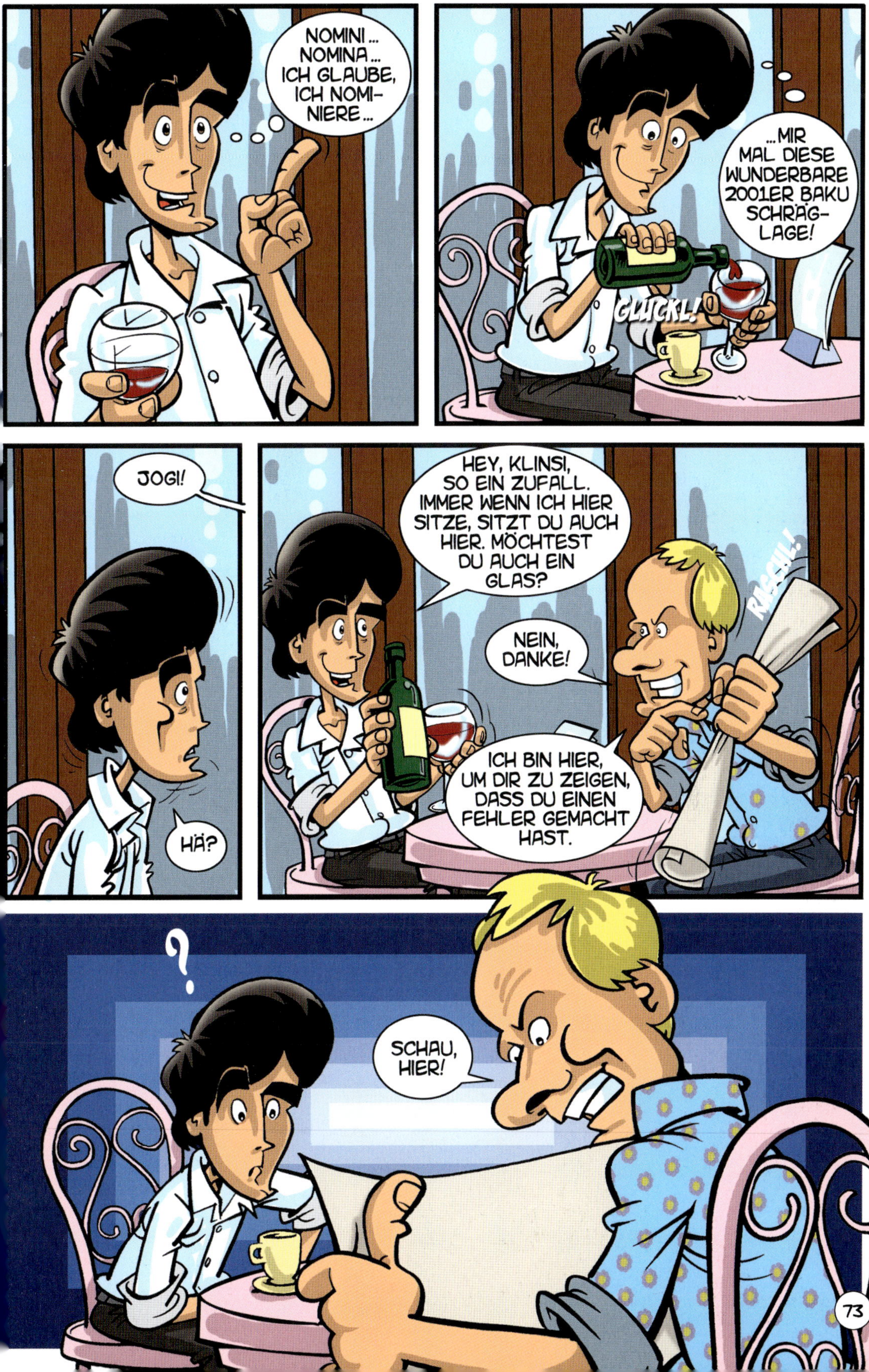
NOMINI... NOMINA... ICH GLAUBE, ICH NOMI-NIERE...
...MIR MAL DIESE WUNDERBARE 2001ER BAKU SCHRÄG-LAGE!
GLUCKL!
JOGI!
HÄ?
HEY, KLINSI, SO EIN ZUFALL. IMMER WENN ICH HIER SITZE, SITZT DU AUCH HIER. MÖCHTEST DU AUCH EIN GLAS?
RASCHL!
NEIN, DANKE!
ICH BIN HIER, UM DIR ZU ZEIGEN, DASS DU EINEN FEHLER GEMACHT HAST.
?
SCHAU, HIER!

FIFA 12

ALSO ICH FIND DA NIX!
BALLACK! WO IST MICHAEL BALLACK? MEIN CAPITANO!
RRRSCHHH!!!
SO, ICH WERD DIR JETZT MAL WAS ERZÄHLEN. DEIN BALLACK HAT SICH DOCH HIER NIE BLICKEN LASSEN. DA KANNST DU DAS GANZE BUCH DURCHGUCKEN.
AUF KEINER SEITE FINDEST DU IHN!
WO WAR ER DENN?
ICH SOLLTE ETWAS "ANDERS MACHEN!".
GENAU DAS HABE ICH GE-MACHT.
ICH HAB GANZ ANDERE SPIELER GE-HOLT UND SIE ANDERS SPIELEN LASSEN. ANDERE WEIHNACHTS-FEIERN. SOGAR MEINEN LIEBLINGSROT-WEIN HABE ICH GEWECHSELT.
UND IN ZUKUNFT MACH ICH AUCH ALLES ANDERS!
POK!
ICH WERDE ZUR ABWECHSLUNG MAL GEGEN BRASILIEN GEWINNEN.
... UND ÖSTERREICH WEGHAUEN ...
ABER EINES WERDE ICH NICHT MEHR TUN:
GLUCK!
MICHAEL BALLACK SPIELEN LASSEN!
GLÜHWÜRFEL!!!
FAUST TEIL1
FAUST TEIL2

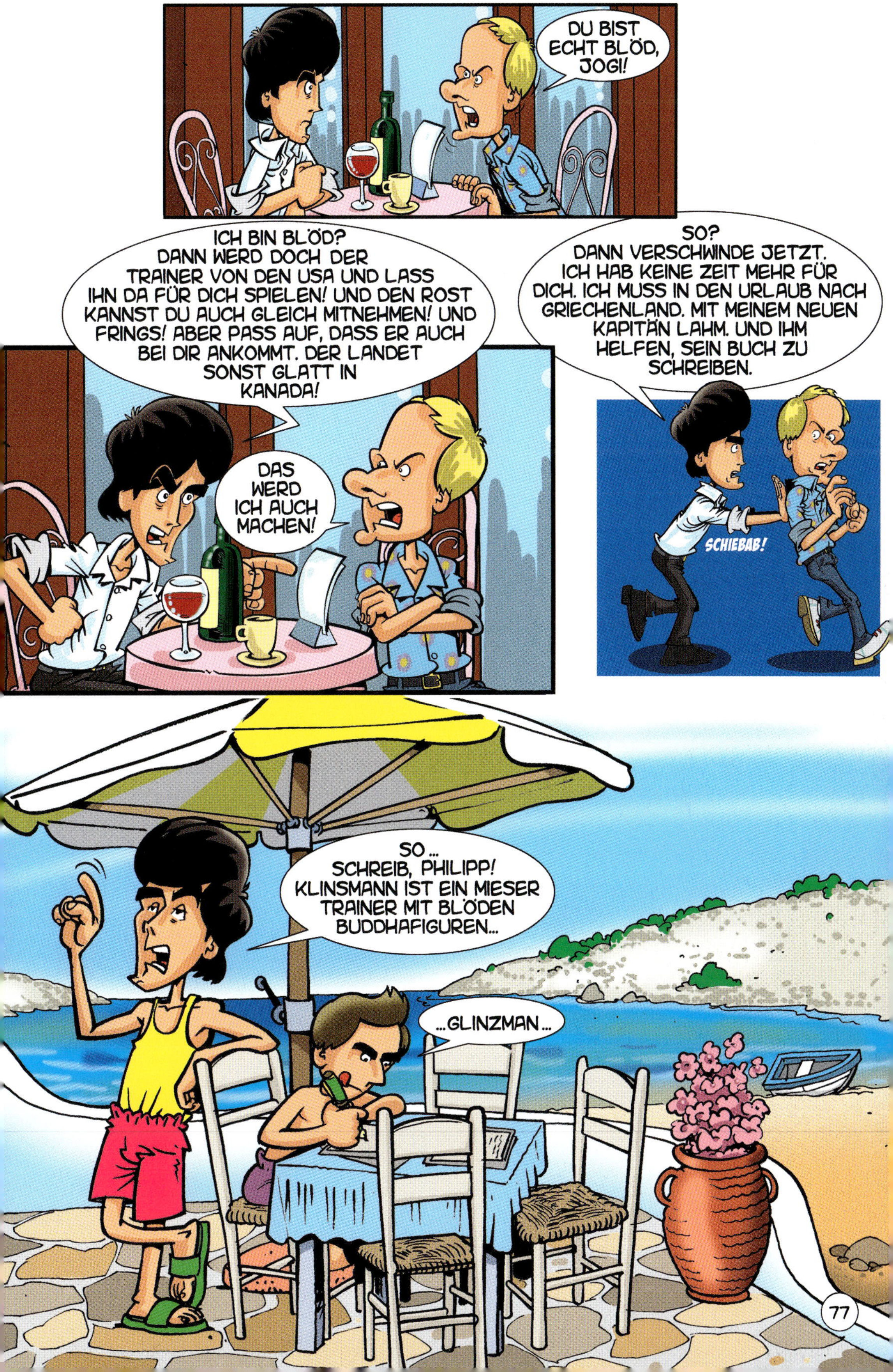
DU BIST ECHT BLÖD, JOGI!
ICH BIN BLÖD? DANN WERD DOCH DER TRAINER VON DEN USA UND LASS IHN DA FÜR DICH SPIELEN! UND DEN ROST KANNST DU AUCH GLEICH MITNEHMEN! UND FRINGS! ABER PASS AUF, DASS ER AUCH BEI DIR ANKOMMT. DER LANDET SONST GLATT IN KANADA!
DAS WERD ICH AUCH MACHEN!
SO? DANN VERSCHWINDE JETZT. ICH HAB KEINE ZEIT MEHR FÜR DICH. ICH MUSS IN DEN URLAUB NACH GRIECHENLAND. MIT MEINEM NEUEN KAPITÄN LAHM. UND IHM HELFEN, SEIN BUCH ZU SCHREIBEN.
SCHIEBAB!
SO... SCHREIB, PHILIPP! KLINSMANN IST EIN MIESER TRAINER MIT BLÖDEN BUDDHAFIGUREN...
...GLINZMAN...

UND SO LÄDT JOGI LÖW ALLE SPIELER NACH DEM URLAUB ZU EINEM GEHEIMTREFF AN EINEM GEHEIMEN ORT.
SCHREBERGARTEN KOLONIE VOLLDRAUF SIEGEN
JUNGS! ICH HAB EUCH HEUTE IN MEINEN WIRKLICH STRENG GEHEIMEN FRSG (FARMVILLE REALITY SIMULATION GARDEN) EINGELADEN ...
... UM MIT EUCH NOCH DEN LETZTEN, KLEINEN FEINSCHLIFF ZU HOLEN.
GOLDEN DELICIOUS
BIO BALL
WACHSEN... WACHSEN... WACHSEN...
KRANZ LORBEER
SIEGLINDE PO!TATO
NACHWUCHSFÖRDE
PUYOL

DAZU MÜSSEN WIR WISSEN, WIE MAN DEN GEGNER DOMINIERT,
FILETIERT, MARINIERT UND ...
... IHN AUF DEN ROST LEGT.
WIE MAN IHN GRILLT!
WIE MAN SICH IN EINEN RAUSCH DER SINNE ISST ... ÄH ... SPIELT!
UND DAFÜR SCHAUEN WIR UNS JETZT DIE AN, VON DENEN WIR ALLE LERNEN KÖNNEN!
TIM MÄLZER?
DIE ALLE NAMHAFTEN MANNSCHAFTEN IN DEN LETZTEN JAHREN IN GRUND UND BODEN GESPIELT HABEN.
DIE ALLE TITEL IN ALLEN JAHRGÄNGEN ABGE-RÄUMT HABEN UND ES AUCH IN ZUKUNFT TUN WERDEN!
SCHWABUDUCK!
WIR SCHAUEN GEMEINSAM: ...
DIE FUSSBALL-WM VON UNSEREN FRAUEN!
KLICK!
SCHAUT GENAU HIN. DA KÖNNT IHR NOCH WAS LERNEN VON.

KURZ DARAUF!
AUS! DEUTSCHLAND IST RAUS. 0-1 GEGEN JAPAN. WELCH EINE ENTTÄU....
KLICK!
PLINK!
...ÖHH... ...ÄHHH...
TJA.
ÄH...
...HMMM...
UND SEHT IHR... WAS HABT IHR GE-LERNT?
NICHTS!
WOOOOOOFFF!
NICHTS HABEN WIR ERREICHT. ALLES, WAS WIR BIS JETZT GEWONNEN HABEN, IST NICHTS!
QUIEK-QUAK!
NUR WENN WIR EUROPAMEISTER WERDEN, ZÄHLEN UNSERE TATEN.

ES BRAUCHT NUR EINE KLEINE UNAUFMERKSAMKEIT, EINEN ZUFALL UND ALLES IST DAHIN.
WIR MÜSSEN AUF ALLES VORBEREITET SEIN!
KRIEGT DER GEGNER EINEN ECKBALL, MÜSSEN WIR DREI KRIEGEN.
MACHT ER DREI GLÜCKSTORE, MÜSSEN WIR VIER HART ERARBEITETE MACHEN!
SINGT ER EINE NATIONALHYMNE, MÜSSEN WIR ACHT SINGEN!
PLIK!
ICH MUSS BADSTUBER UM EIN UHR NACHTS AUS DEM BETT HOLEN KÖNNEN UND ER MUSS ZEHN ECKEN DIREKT VERWANDELN KÖNNEN!
BARUTZEL!
DU KANNST MICH AUCH UM 10 UHR HOLEN UND ICH VERWANDEL EINE, TRAINER!
WIR MÜSSEN ALLES TRAINIERT HABEN!
UND DESHALB HABE ICH UNSEREN GEGNERN FÜR DIE NÄCHSTEN FÜNF SPIELE 2 TORE VORGEGEBEN!
WAT?
ES STEHT ALSO JETZT SCHON GEGEN BRASILIEN 0-2, GEGEN ÖSTERREICH 0-2, GEGEN POLEN 0-2, GEGEN DIE TÜRKEI 0-2 UND GEGEN BELGIEN 0-2.
OH, NÖ!

WIR WERDEN EUCH AN EURE KÖRPERLICHEN GRENZEN FÜHREN.
DU MUSST DICH NICHT WUNDERN, DASS DU NACH 3 FLASCHEN ASERBAIDSCHANISCHEN ROTWEIN ZWEI BENDERS SIEHST, SCHWEINI.
SWIRL!
DIE BENDERS SIND ZWILLINGE!
BLOPS!
HEHE ... VIERLINGE! ESCH SCHIND VIERLINGE, DRAINER.
GRINS!
WIR WERDEN EUCH DIE NEUESTEN MENTALEN TRICKS BEI-BRINGEN.
HEIDI KLUM HAT IHRE BRÜSTE "HANS" UND "FRANZ" GENANNT.
IHR WERDET JETZT AUCH DEM WICHTIGSTEN, WAS ES IN EURER WELT GIBT, NAMEN GEBEN.
EUREN FÜSSEN!
"RECHTS" UND "LINKS"!
"MÜLLER" UND "RAHN"!
"STINKI" UND "RIECHI"!
EUCH DIE FILIGRANSTEN PSYCHOLO-GISCHEN FI-NESSEN BEI-BRINGEN.
ALS ICH GESAGT HAB, IHR SOLLT DAS TIER IN EUCH HER-AUSLASSEN, DACHTE ICH MEHR SO AN EINEN TIGER ODER BÄR ...
PIEPS!
...NICHT AN EINE MAUS, PER!
FLATTER!
GRRRR WUFF!

WIR ZEIGEN EUCH, WIE MAN DIE GEGNER RASIERT!
NEIN!
SCHÄUMCHEN!
SPROTZ!
SCHAUM!
LADY
NICHT DA, MARIO!
WIE MAN DIE LUFT AUS IHNEN LÄSST!
FAMP!
WIE MAN EINE PERFEKTE FINTE MACHT.
ICH KÖNNTE DIR EINEN VERTRAG BEI BAYERN MÜNCHEN BESORGEN!
...PSSSP... ...PSSSP...
EIRE
UND DAS PRESSING NICHTS FÜR WEICHEIER IST.
ATMEN!
RUHIG ATMEN!
ES IST...
ES IST EIN ...
POKAL!!!

UND DANN SIND WIR EINE HARMONISCHE UND FRIEDLICHE EINHEIT VOLLER FREUDE UND SEELIGKEIT.
AAAAARGH!!!
WAS IST DAS?
DAS IST POLDI. DER VERLIERT GERADE GEGEN MATS DAS ENDSPIEL UM DAS COVER AUF DEM NEUSTEN FIFA-12-PLAYSTATION-SPIEL!
AAARGH! AAARGH! AAARGH!
1-9 !!! DAS GIBT ES DOCH NICHT!
DAS NÄCHSTE TOR ENTSCHEIDET!
OK?

... ANSTOSS PODOLSKI...HUMMELS GRÄTSCHT DAZWISCHEN ...
AAARGH! AAARGH! AAARGH!
AAARGH! AAARGH!
... PASST NACH AUSSEN ZU HUMMELS ...
AAARGH!
... DER MACHT EINEN DOPPELPASS MIT HUMMELS ...
AARGH! AAARGH!
AAARGH!
OHO!
... SCHICKT HUMMELS STEIL ...
... FREI VORM TOR UND ...
ZWEI DINGER SOLL ICH JEDES MAL KASSIEREN? SPINNT DER?
CRASH!!!
MANUEL?

PLINK!
GRINS
EINIGEN WIR UNS AUF EIN UNENT-SCHIEDEN!
DANN LASS ICH BEI BAYERN ABER KEINEN MEHR REIN!
GRUMMEL!

3:2 Deutschland schlägt Brasilien!
WUSCH!
WUSCH!
6-2 gegen Österreich!
Jogis Löwen trotz zweier
Gegentore qualifiziert.
HOPPEL!
HOPPEL!

IMMER ZWEI DINGER REIN-LASSEN.
DAS MACH ICH NICHT MEHR MIT!
NA GUT. DANN LASS ICH DEN WIESE DAS MACHEN!
MACH DAS DOCH!
ICH MACH DAS SCHON, TRAINER!
SLOSH!
SLOSH!
SLOSH!
SLOSH!
SLOSH!
SLOSH!
Schon wieder zwei Gegentore!
2-2 gegen Polen!
SLOSH!
SLOSH!

ICH KANN DAS NICHT MIT ANSEHEN!
OK, TRAINER ... ICH MACH ES DOCH ...
WAS MACHST DU?
NA, ... DURCHLAS-SEN ...
WAS DURCHLAS-SEN?
ICH LASS GEGEN DIE TÜRKEI ZWEI DINGER DURCH.
PRIMA!
DAS SCHAFFST DU SCHON!
DU WIRST MAL EIN GROSSARTIGER TORHÜTER, MANUEL!
RANZ!
ABER DANN BEIM SPIEL GEGEN DIE TÜRKEI!
ALTINTOP! JETZT IST ER DURCH...NUR NOCH NEUER VOR SICH... FREIE SCHUSSBAHN...
NEUER HÄLT! SENSATIONELL!!!
POK!
POW!
NEUER FISCHT DEN HUNDERTPROZENTIGEN HERAUS...

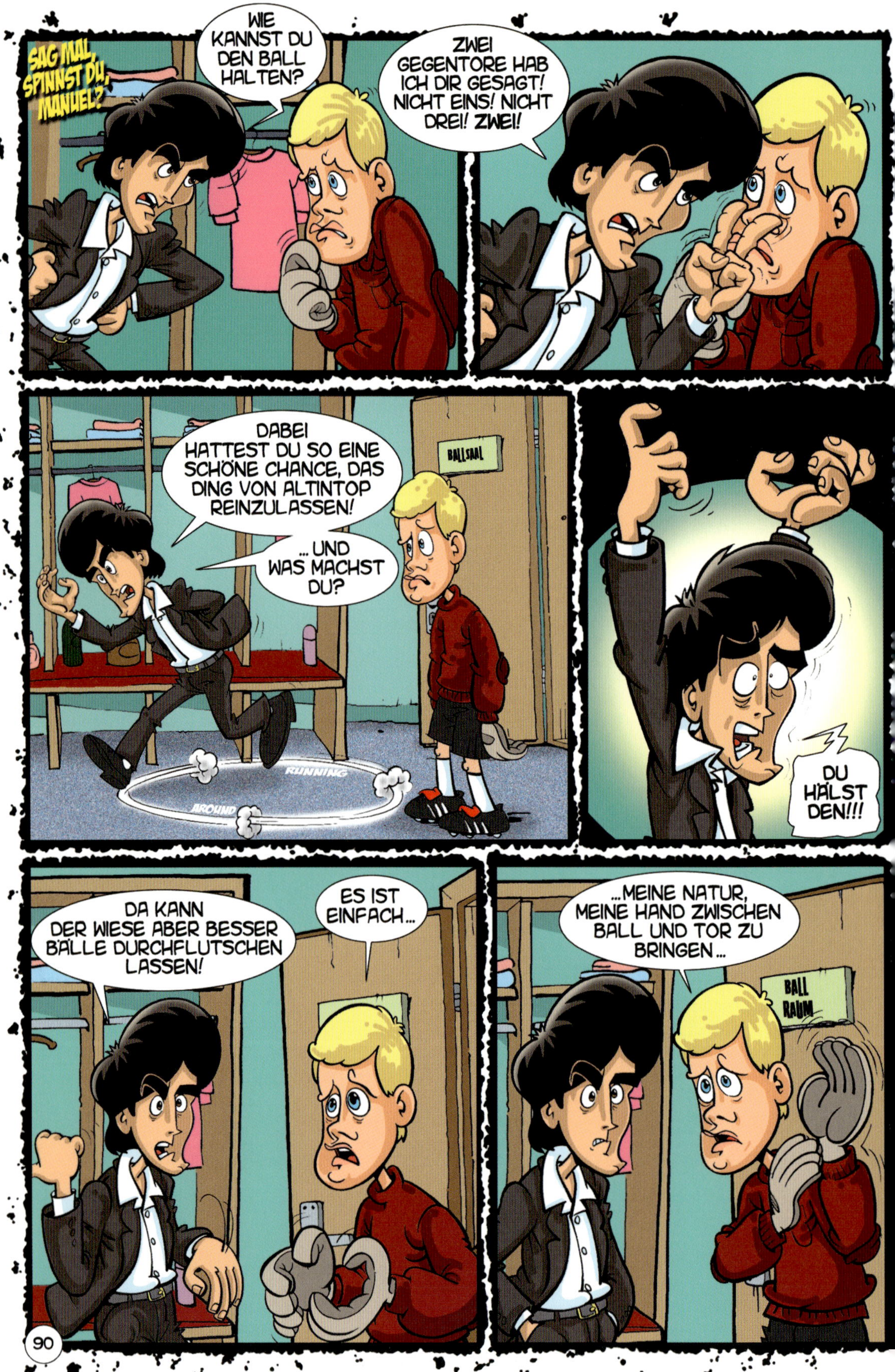
SAG MAL, SPINNST DU, MANUEL?
WIE KANNST DU DEN BALL HALTEN?
ZWEI GEGENTORE HAB ICH DIR GESAGT! NICHT EINS! NICHT DREI! ZWEI!
DABEI HATTEST DU SO EINE SCHÖNE CHANCE, DAS DING VON ALTINTOP REINZULASSEN!
...UND WAS MACHST DU?
BALLSAAL
RUNNING
AROUND
DU HÄLST DEN!!!
DA KANN DER WIESE ABER BESSER BÄLLE DURCHFLUTSCHEN LASSEN!
ES IST EINFACH...
...MEINE NATUR, MEINE HAND ZWISCHEN BALL UND TOR ZU BRINGEN...
BALL RAUM

DA STEH ICH NUN, ICH ARMER TORWART, UND BIN SO KLUG, WIE ICH ZUVOR WARD...
HAST JA RECHT, MANUEL.
KANNST DICH NICHT GEGEN DEIN SCHICKSAL STELLEN?
DU KANNST WOHL EINFACH NICHT ANDERS.
NUN, GUT, DANN HALTE!
HALTE, WIE EINST DIE ALTVORDEREN. TONI TUREK UND SEPP MAIER UND TONI SCHUMACHER UND BODO ILLGNER UND ANDI KÖPKE...
MEINEN SEGEN HAST DU!
UND SPIELE ZU NULL!

FINANCEBALL TIMES
DEUTSCHLAND

von Klaus B. Ackerdenmann

FTD-Experten hatten es prophezeit: Siegserie durchbricht die umsatzstarke Gewinnerwartung!!!
Jetzt bebt nicht nur das Parkett!

Das Spiel eröffnet routiniert. Bis zur 30. Minute – dann stehen die Broker Kopf, die auf die richtigen Awards gesetzt hatten: Özil pumpt die Millionenblase in die oberen Marksegmente und trifft knapp unter der Leitlinie ins Netz – Tor. Sofort brachen die Kurse für belgische Luxus-Pralinen ein. Schlechte Zeiten für Leckermäuler.

Die Prognosen für die weitere Entwicklung sind eindeutig: Es brechen goldene Zeiten an. Ein kurzes Aufflackern bei flämischen, festverzinslichen Anlagen zeugte von dem Gegentor. Aber das war nur ein Strohfeuer. Der Kampf der Deutschen ist hart und dann uneinholbar – dank CEO Löw, für dessen Erfolgsprämie zur Zeit eine eher kurzfristige Anlageoption zu empfehlen wäre, wie die Investition ins Soccer-Package WM 2012.

Bei diesem allerdings liegen die Investment-Prognosen der zehn größten börsendotierten Vereinsvorsitzenden ganz klar im zweistelligen Gewinnbereich. Diese Sport-Titel haussieren trotz des nervösen Zuckens der Gesamtmärkte.
VIP-Karten für die folgenden Spitzentreffen haben wir dank besonderer Kontakte ins führende Management schon einkassiert. Wer nett zu uns ist, bekommt vielleicht einen Stehplatz ab.

EPILOG
ACH! ZEHN SPIELE – ZEHN SIEGE ...
Baku
97
GLUCK!
WAR EINE SCHÖNE QUALI ...
97
POLP!
Ganz spät lese
GUTE JUNGS ...
warm lagern

SIE KÖNNEN ES SCHAFFEN.
ZWUPP!
DRESS FOR SUCCESS
WIR HABEN ALLES GEMACHT.
RRRRRRRRRR....
GURURGL!
JETZT BLEIBT UNS NICHTS WEITER ALS...
...ABZU-WARTEN.
SPOTZ!

KLICK!
CHRRRR...
AUS ! AUS ! AUS! DAS SPIEL IST AUS!
DEUTSCHLAND IST EUROPAMEISTER...
DAS IST NOCH LANGE NICHT DAS
ENDE!

Lutz Mathesdorf (Story und Farbrausch)

Mathesdorf ist bereits seit 20 Jahren am Ball. Dabei lieferte er viele sehr gute, bis teilweise überdurchschnittliche Ergebnisse ab. Unvergessen seine Siege bei "Bertis Buben" und "Unser Schumi". Vielfältig seine Einsatzmöglichkeiten. Nicht nur im Buchbereich, auch für Zeitungsverlage, bei Werbepartnern und seit einigen Jahren mit Animationen für Fernsehen und Internet. Egal auf welcher Position. Mathesdorf trifft.

Gabriel (Zeichnungen und Schweißblut)

Der Zeichenakrobat aus dem Balkan kann stundenlang den Stift in der Luft halten und dabei noch mit der Maus über den Bildschirm jonglieren. Präzises Timing und „in die Gasse zeichnen" malen ihn aus. Dabei skizziert er ein ums andere Mal den tödlichen Strich, den Mathesdorf dann nur noch anzumalen braucht. Gabriel, der Filigrantechniker des deutschen Comics, war schon bei „Fix&Foxi" und „Sportbild" unter Vertrag und illustriert zur Zeit für die „Bravo".

Homepage unseres Zeichnerberaters finden sie unter:
www.mathesdorf.de

Die Homepage von Jogis Löwen mit vielen Filmen findet ihr unter:
www.jogisloewen.de

Wir sind vertwittert:
Jogisloewen

Gefacebookt:
Jogis Löwen

Und google plussiert:
Jogis Löwen